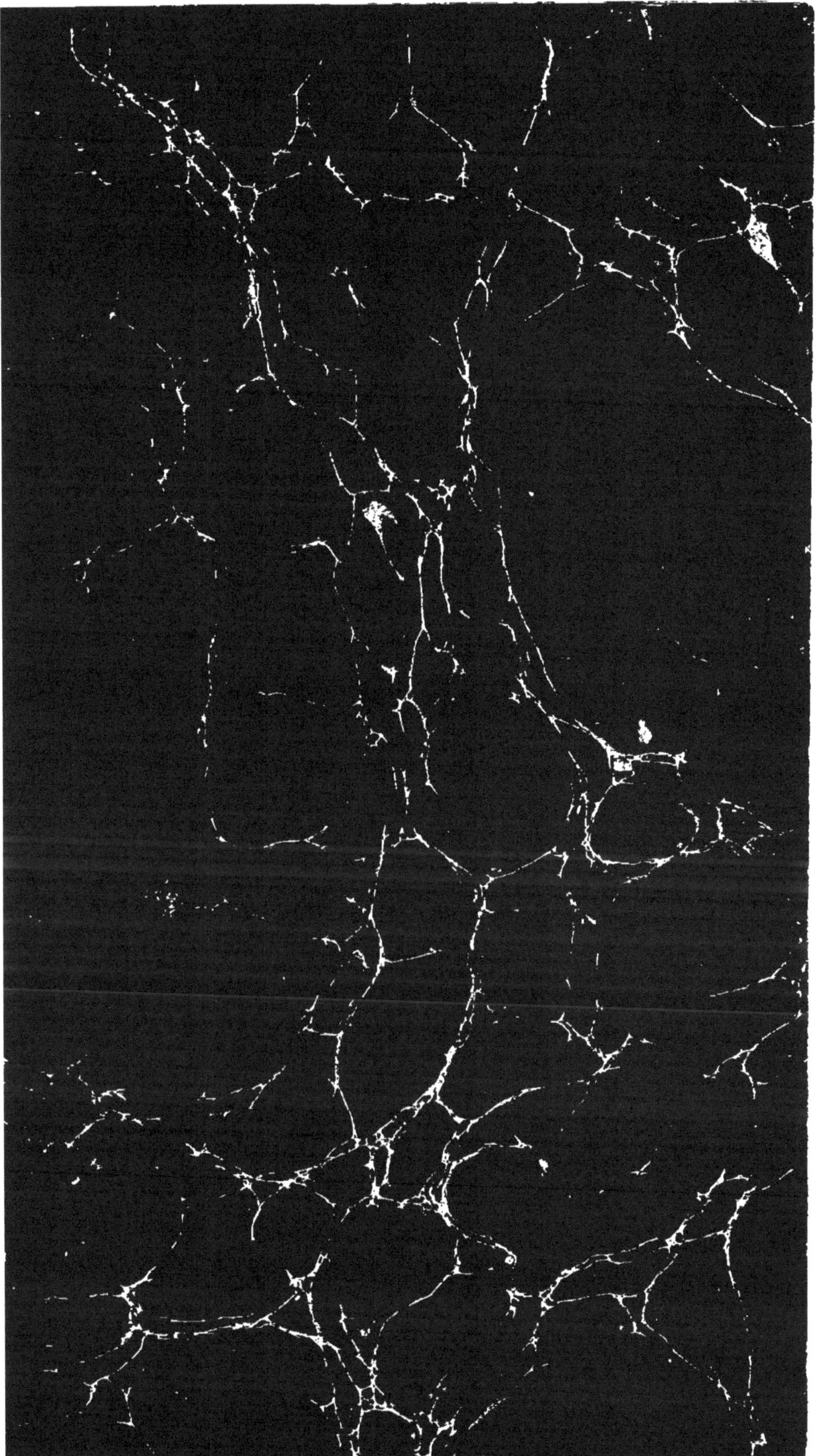

ŒUVRES PHILOSOPHIQUES DE LA METTRIE.

ŒUVRES PHILOSOPHIQUES DE LA METTRIE.

NOUVELLE ÉDITION,

Précédée de son Eloge,

Par FRÉDÉRIC II, Roi de Prusse.

TOME SECOND.

A BERLIN,

Et se trouve à PARIS,

CHEZ CHARLES TUTOT, Imprimeur, rue Favart, N°. 427.

1796.

SYSTÊME
D'ÉPICURE.

Quam misera animalium superbissimi origo !
PLIN.

SYSTÊME D'ÉPICURE.

I.

LORSQUE je lis dans Virgile, *Georg.* L. 2.

Felix qui potuit rerum cognoſcere cauſas !

je demande, *quis potuit ?* Non, les ailes de notre génie ne peuvent nous élever juſqu'à la connoiſſance des cauſes. Le plus ignorant des hommes eſt auſſi éclairé à cet égard, que le plus grand philoſophe. Nous voyons tous les objets, tout ce qui ſe paſſe dans l'univers, comme une belle décoration d'opéra, dont nous n'appercevons ni les cordes, ni les contre-poids. Dans tous les corps, comme dans le nôtre, les premiers reſſorts nous ſont cachés, & le ſeront vraiſemblablement toujours. Il eſt facile de ſe conſoler d'être privés d'une ſcience qui ne nous rendroit, ni meilleurs, ni plus heureux.

II.

Je ne puis voir ces enfans, qui avec une pipe

& du ſavon battu dans de l'eau, s'amuſent à faire ces belles veſſies colorées, que le ſouffle dilate ſi prodigieuſement, ſans les comparer à la nature. Il me ſemble qu'elle prend comme eux, ſans y ſonger, les moyens les plus ſimples pour opérer. Il eſt vrai qu'elle ne ſe met pas plus en dépenſe, pour donner à la terre un prince qui doit la faire trembler, que pour faire éclore l'herbe qu'on foule aux pieds. Un peu de boue, une goutte de morve, forme l'homme & l'inſecte; & la plus petite portion de mouvement a ſuffi pour faire jouer la machine du monde.

III.

Les merveilles de tous les regnes, comme parlent les chimiſtes, toutes ces choſes que nous admirons, qui nous étonnent ſi fort, ont été produites, pour ainſi dire, à-peu-près par le même mêlange d'eau & de ſavon, & comme par la pipe de nos enfans.

IV.

Comment *prendre la nature ſur le fait?* Elle ne s'y eſt jamais priſe elle-même. Dénuée de connoiſſance & de ſentiment, elle fait de la ſoie, comme le *Bourgeois Gentilhomme* fait de la proſe, ſans le ſavoir: auſſi aveugle, lorſqu'elle donne la vie, qu'innocente lorſqu'elle la detruit.

V.

Les physiciens regardent l'air comme le chaos universel de tous les corps. On peut dire qu'il n'est presque qu'une eau fine, dans laquelle ils nagent, tant qu'ils sont plus légers qu'elle. Lorsque le soutien de cette eau, ce ressort inconnu par lequel nous vivons, & qui constitue, ou est lui-meme l'air proprement dit, lors, dis-je, que ce ressort n'a plus la force de porter les graines dispersées dans toute l'athmosphere, elles tombent sur la terre par leur propre poids; ou elles sont jetées çà & là par les vents sur sa surface. Delà toutes ces productions végétales, qui couvrent souvent tout-à-coup les fossés, les murailles, les marais, les eaux croupies, qui étoient, il y a peu de temps, sans herbe & sans verdure.

VI.

Que de chenilles & autres insectes viennent aussi quelquefois manger les arbres en fleur, & fondre sur nos jardins! D'où viennent-ils, si ce n'est de l'air?

VII.

Il y a donc dans l'air des graines ou semences, tant animales, que végétales; il y en a eu, & il y en aura toujours. Chaque individu attire à ſoi celles de ſon eſpece, ou celles qui lui ſont propres, à moins qu'on n'aime mieux que ces ſemences aillent chercher les corps où elles peuvent mûrir, germer & ſe développer.

VIII.

Leur premiere matrice a donc été l'air, dont la chaleur commence à les préparer. Elles ſe vivifient davantage dans leur ſeconde matrice, j'entends les vaiſſeaux ſpermatiques, les teſticules, les véſicules ſéminales; & cela, par les chaleurs, les frottemens, la ſtagnation d'un grand nombre d'annees; car on ſait que ce n'eſt qu'à l'âge de puberté, & par conſéquent après une longue digeſtion dans le corps du mâle, que les ſemences viriles deviennent propres à la génération. Leur troiſieme & derniere matrice, eſt celle de la femelle, où l'œuf fécondé, deſcendu de l'ovaire par les trompes de Fallope, eſt en quelque ſorte intérieurement couvé, & où il prend facilement racine.

IX.

Les mêmes ſemences qui produiſent tant de ſortes d'*animalcules*, dans les fluides expoſés à l'air, & qui paſſent auſſi aiſément dans le mâle, par les organes de la respiration & de la déglutition; que du mâle, sous une forme enfin visible, dans la femelle, par le vagin; ces semences, dis-je, qui s'implantent & germent avec tant de facilité dans l'*uterus*, supposent-elles qu'il y eut toujours des hommes, des hommes faits, & de l'un, & de l'autre sexe?

X.

Si les hommes n'ont pas toujours existé, tels que nous les voyons aujourd'hui, (eh! le moyen de croire qu'ils soient venus au monde, grands, comme pere & mere, & fort en état de procréer leurs semblables!) il faut que la terre ait servi d'*uterus* à l'homme; qu'elle ait ouvert son sein aux germes humains, déjà préparés, pour que ce superbe animal, certaines loix posées, en pût éclore. Pourquoi, je vous le demande, Anti-Epicuriens modernes, pourquoi la terre, cette commune mere & nourrice de tous les corps, auroit-elle refusé aux graines animales, ce qu'elle accorde aux végétaux les plus vils, les plus pernicieux? Ils trouvent toujours ses entrailles fécondes; & cette matrice n'a rien au fond de plus surprenant que celle de la femme.

XI.

Mais la terre n'est plus le berceau de l'humanité!

On ne la voit point produire d'hommes ! Ne lui reprochons point sa stérilité actuelle ; elle a fait sa portée de ce côté-là. Une vieille poule ne pond plus, une vieille femme ne fait plus d'enfans ; c'est à-peu-près la réponse que Lucrece fait à cette objection.

XII.

Je sens tout l'embarras que produit une pareille origine, & combien il est difficile de l'éluder. Mais comme on ne peut se tirer ici d'une conjecture aussi hardie, que par d'autres, en voici que je soumets au jugement des philosophes.

XIII.

Les premieres générations ont dû être fort imparfaites. Ici l'œsophage aura manqué ; là l'estomac, la vulve, les intestins, &c. Il est évident que les seuls animaux qui auront pu vivre, se conserver, & perpétuer leur espece, auront été ceux qui se seront trouvés munis de toutes les pieces nécessaires à la génération, & auxquels en un mot aucune partie essentielle n'aura manqué. Réciproquement ceux qui auront été privés de quelque partie d'une nécessité absolue, seront morts, ou peu de temps après leur naissance, ou du moins sans se reproduire. La perfection n'a pas plus été l'ouvrage d'un jour pour la nature, que pour l'art.

XIV.

J'ai vu cette (1) femme sans sexe, animal indéfinissable, tout-à-fait châtré dans le sein maternel. Elle n'avoit ni motte, ni clitoris, ni tetons, ni vulve, ni grandes levres, ni vagin, ni matrice, ni regles; & en voici la preuve. On touchoit par l'anus la sonde introduite par l'uretre, le bistouri profondément introduit à l'endroit où est toujours la grande fente dans les femmes, ne perçoit que des graisses & des chairs peu vasculeuses, qui donnoient peu de sang: il fallut renoncer au projet de lui faire une vulve, & la démarier après dix ans de mariage avec un paysan aussi imbécille qu'elle, qui n'étant point au fait, n'avoit eu garde d'instruire sa femme de ce qui lui manquoit. Il croyoit bonnement que la voie des selles étoit celle de la génération, & il agissoit en conséquence, aimant fort sa femme qui l'aimoit aussi beaucoup, & étoit très-fâchée que son secret eût été découvert. M. le comte d'Erouville, lieutenant-général, tous les médecins & chirurgiens de Gand, ont vu cette femme manquée, & en ont dressé un procès-verbal,

(1) On en a déjà parlé dans *l'homme machine*.

Elle étoit absolument depourvue de tout sentiment du plaisir vénérien; on avoit beau chatouiller le siege du clitoris absent, il n'en résultoit aucune sensation agreable. Sa gorge ne s'enfloit en aucun temps.

X V.

Or si aujourd'hui même la nature s'endort jusqu'à ce point; si elle est capable d'une si étonnante erreur, combien de semblables jeux ont-ils été autrefois plus fréquens! Une distraction aussi considérable, pour le dire ainsi, un oubli aussi singulier, aussi extraordinaire, rend, ce me semble, raison de tous ceux où la nature a dû necessairement tomber dans ces temps reculés, dont les génerations étoient incertaines, difficiles, mal établies, & plutôt des essais, que des coups de maître.

X V I.

Par quelle infinité de combinaisons il a fallu que la matiere ait passé, avant que d'arriver à celle-là seule, de laquelle pouvoit resulter un animal parfait! Par combien d'autres, avant que les générations soient parvenues au point de perfection qu'elles ont aujourd'hui!

X V I I.

Par une conséquence naturelle, ceux-là seuls

auront eu la faculté de voir, d'entendre, &c. à qui d'heureuses combinaisons auront enfin donné des yeux & des oreilles exactement faits & placés comme les nôtres.

XVIII.

Les élémens de la matiere, à force de s'agiter & de se mêler entr'eux, étant parvenus à faire des yeux, il a été aussi impossible de ne pas voir, que de ne pas se voir dans un miroir, soit naturel, soit artificiel. L'œil s'est trouvé le miroir des objets, qui souvent lui en servent à leur tour. La nature n'a pas plus songé à faire l'œil pour voir, que l'eau, pour servir de miroir à la simple bergere. L'eau s'est trouvée propre à renvoyer les images; la bergere y a vu avec plaisir son joli minois. C'est la pensée de l'auteur de l'*homme machine*.

XIX.

N'y a-t-il pas eu un peintre, qui ne pouvant représenter à son gré un cheval écumant, réussit admirablement, fit la plus belle écume, en jetant de dépit son pinceau sur la toile?

Le hasard va souvent plus loin que la prudence.

XX.

Tout ce que les médecins & les physiciens ont écrit sur l'usage des parties des corps animés, m'a toujours paru sans fondement. Tous leurs raisonnemens sur les causes finales sont si frivoles, qu'il faut que Lucrece ait été aussi mauvais physicien, que grand poëte, pour les réfuter aussi mal.

XXI.

Les yeux se sont faits, comme la vue ou l'ouïe se perd & se recouvre; comme tel corps réfléchit le son, ou la lumiere. Il n'a pas fallu plus d'artifice dans la construction de l'œil, ou de l'oreille, que dans la fabrique d'un écho.

XXII.

S'il y a un grain de poussiere dans le canal d'Eustache, on n'entend point; si les arteres de Ridley dans la rétine, gonflées de sang, ont usurpé une partie du siege qui attend les rayons de lumiere, on voit des mouches voler. Si le nerf optique est obstrué, les yeux sont clairs & ne voient point. Un rien dérange l'optique de la nature, qu'elle n'a par conséquent pas trouvée tout d'un coup.

XXIII.

Les tâtonnemens de l'art pour imiter la nature, font juger des siens propres.

XXIV.

Tous les yeux, dit-on, sont optiquement faits, toutes les oreilles mathématiquement ! Comment fait-on cela ? Parce qu'on a observé la nature ; on a été fort étonné de voir ses productions si égales, & même si supérieures à l'art : on n'a pu s'empêcher de lui supposer quelque but, ou des vues éclairées. La nature a donc été avant l'art, il s'est formé sur ses traces ; il en est venu, comme un fils vient de sa mere. Et un arrangement fortuit donnant les mêmes privileges qu'un arrangement fait exprès avec toute l'industrie possible, a valu à cette commune mere, un honneur que méritent les seules loix du mouvement.

XXV.

L'homme, cet animal curieux de tout, aime mieux rendre le nœud qu'il veut délier plus indissoluble, que de ne pas accumuler questions sur questions, dont la derniere rend toujours le probléme plus difficile. Si tous les corps sont mus par le feu, qui lui donne son mouvement? l'éther Qui le donne à l'éther? D*** a raison; notre philosophie ne vaut pas mieux que celle des Indiens.

XXVI.

Prenons les choses pour ce qu'elles nous semblent; regardons tout autour de nous; cette circonspection n'est pas sans plaisir, le spectacle est enchanteur; assistons-y; en l'admirant, mais sans cette vaine démangeaison de tout concevoir, sans être tourmentés par une curiosité toujours superflue, quand les sens ne la partagent pas avec l'esprit.

XXVII.

Comme, certaines loix physiques posées, il n'étoit pas possible que la mer n'eût son flux & son reflux, de même, certaines loix du mouvement ayant existé, elles ont formé des yeux qui ont vu, des oreilles qui ont entendu, des nerfs qui ont senti, une langue tantôt capable & tantôt incapable de parler, suivant son organisation; enfin elles ont fabriqué le viscere de la pensée. La nature a fait, dans la machine de l'homme, une autre machine qui s'est trouvée propre à retenir les idées & à en faire de nouvelles, comme dans la femme, cette matrice, qui d'une goutte de liqueur fait un enfant. Ayant fait, ſans voir, des yeux qui voient, elle a fait ſans penſer, une machine qui penſe. Quand on voit un peu de morve produire une créature vivante, pleine d'eſprit & de beauté, capable de s'élever au ſublime du ſtyle, des mœurs, de la volupté, peut-on être ſurpris qu'un peu de cervelle de plus ou de moins, conſtitue le génie, ou l'imbécillité ?

XXVIII.

La faculté de penſer n'ayant pas une autre ſource que celle de voir, d'entendre, de parler, de ſe reproduire, je ne vois pas quelle abſurdité il y auroit de faire venir un être intelligent d'une cauſe aveugle. Combien d'enfans extrêmement ſpirituels, dont les pere & mere ſont parfaitement ſtupides & imbécilles !

XXIX.

Mais, ô bon dieu ! Dans quels vils inſectes n'y a-t-il pas à-peu-près autant d'eſprit, que dans ceux qui paſſent une vie doctement puérile à les obſerver ! Dans quels animaux les plus inutiles, les plus vénimeux, les plus féroces, & dont on ne peut trop purger la terre, ne brille pas quelque rayon d'intelligence ? Suppoſerons-nous une cauſe eclairée, qui donne aux uns un être si facile à détruire par les autres, & qui a tellement tout confondu, qu'on ne peut qu'à force d'expériences fortuites distinguer le poison de l'antidote, ni tout ce qui est à rechercher, de ce qui est à fuir? Il me semble, dans l'extrême désordre où sont les choses, qu'il y a une sorte d'impiété à ne pas tout rejeter sur l'aveuglement de la nature. Elle seule peut en effet innocemment nuire & servir.

XXX.

Elle se joue davantage de notre raison, en nous faisant porter plus loin une vue orgueilleuse, que ceux qui s'amusoient à presser le cerveau de ce pauvre qui demandoit à Paris l'aumône dans son crâne, ne se jouoient de la sienne.

XXXI.

Laissons là

Cette fiere raison, dont on fait tant de bruit.

Pour la détruire, il n'est pas besoin de recourir au délire, à la fievre, à la rage, à tout miasme empoisonné, introduit dans les veines par la plus petite sorte d'inoculation;

Un peu de vin la trouble, un enfant la séduit.

A force de raison, on parvient à faire peu de cas de

de la raiſon. C'eſt un reſſort qui ſe détraque, comme un autre, & même plus facilement.

XXXII.

Tous les animaux, & l'homme par conſéquent qu'aucun ſage ne s'aviſa jamais de ſouſtraire à leur catégorie, feroient-ils véritablement fils de la terre, comme la fable le dit des géans? La mer couvrant peut-être originairement la ſurface de notre globe, n'auroit-elle point été elle-même le berceau flottant de tous les êtres éternellement enfermés dans ſon ſein? C'eſt le ſyſtême de l'auteur de *Telliamed*, qui revient à-peu-près à celui de Lucrece; car toujours faudroit-il que la mer, abſorbée par les pores de la terre, conſumée peu-à-peu par la chaleur du ſoleil & le laps infini des temps, eût été forcée, en ſe retirant, de laiſſer l'œuf humain, comme elle fait quelquefois le poiſſon, à ſec ſur le rivage. Moyennant quoi, ſans autre incubation que celle du ſoleil, l'homme & tout autre animal feroient ſortis de leur coque, comme certains écloſent encore aujourd'hui dans les pays chauds, & comme font auſſi les poulets dans un fumier chaud par l'art des phyſiciens.

XXXIII.

Quoi qu'il en ſoit, il eſt probable que les animaux, en tant que moins parfaits que l'homme, auront pu être formés les premiers. Imitateurs les uns des autres, l'homme l'aura été d'eux; car tout leur *regne* n'eſt, à dire vrai, qu'un composé de différens ſinges plus ou moins adroits, à la tête deſquels Pope a mis Newton. La *poſtériorité* de naiſſance, ou du développement de la ſtructure contenue dans le germe de l'homme, n'auroit rien de ſi ſurprenant. Par la raiſon qu'il faudroit plus de temps pour faire un homme, ou un animal doué de tous ſes membres & de toutes ſes facultés, que pour en faire un imparfait & tronqué; il en faudroit auſſi davantage pour donner l'être à un homme, que pour faire éclore un animal. On ne donne point *l'antériorité* de la production des brutes, pour expliquer la précocité de leur inſtinct, mais pour rendre raiſon de l'imperfection de leur eſpece.

X X X I V.

Il ne faut pas croire qu'il ait été impoſſible à un fœtus humain, ſorti d'un œuf enraciné dans la terre, de trouver les moyens de vivre. En quelque endroit de ce globe, & de quelque maniere que la terre ait accouché de l'homme, les premiers ont dû ſe nourrir de ce que la terre produiſoit d'elle-même & ſans culture, comme le prouve la lecture des plus anciens hiſtoriens & naturaliſtes.

Croyez-vous que le premier nouveau-né ait trouvé un teton, ou un ruiſſeau de lait tout prêt pour ſa ſubſiſtance ?

XXXV.

L'homme nourri des ſucs vigoureux de la terre, durant tout ſon état d'embryon, pouvoit être plus fort, plus robuſte qu'à préſent, qu'il eſt énervé par une ſuite infinie de générations molles & délicates ; en conſéquence il pouvoit participer à la précocité de l'inſtinct animal, qui ne ſemble venir que de ce que le corps des animaux qui ont moins de temps à vivre, eſt plutôt formé. D'ailleurs, pour joindre des ſecours étrangers aux reſſources propres à l'homme, les animaux, qui, loin d'être ſans pitié, en ont ſouvent montré dans des ſpectacles barbares, plus que leurs ordonnateurs, auront pu lui procurer de meilleurs abris, que ceux où le hafard l'aura fait naître ; le tranſporter, ainſi que leurs petits, en des lieux où il aura eu moins à ſouffrir des injures de l'air. Peut-être même qu'émus de compaſſion à l'aſpect de tant d'embarras & de langueurs, ils auront bien voulu prendre ſoin de l'allaiter, comme pluſieurs écrivains, qui paroiſſent dignes de foi, aſſurent que cela arrive quelquefois en Pologne : je parle de ces ourſes charitables, qui après avoir enlevé, dit-on, des enfans preſque nouveaux-nés, laiſſés ſur une porte par une nourrice imprudente, les ont nourris & traités avec autant d'affection & de bonté que leurs propres petits. Or tous ces soins paternels des animaux envers l'homme auront vraisemblablement duré jusqu'à ce que celui-ci, devenu plus grand & plus fort, ait pu se traîner, à leur exemple, se retirer dans les bois, dans les trones d'arbres creux, & vivre enfin d'herbes comme eux. J'ajoute que si les hommes ont jamais vécu plus qu'aujourd'hui, ce n'est qu'à cette conduite & à cette nourriture, qu'on peut raisonnablement attribuer une si étonnante *longévité*.

XXXVI.

Ceci jette, il est vrai, de nouvelles difficultés sur les moyens & la facilité de perpétuer l'espece; car si tant d'hommes, si tant d'animaux ont eu une vie courte, pour avoir été privés, ici d'une partie, souvent double là, combien auront péri faute de secours dont je viens d'indiquer la possibilité! Mais que deux, sur mille peut-être, se soient conservés, & ayent pu procréer leur semblable, c'est tout ce que je demande, soit dans l'hypothese des générations si difficiles à se perfectionner, soit dans celle de ces enfans de la terre qu'il est difficile d'élever, si impossible même, quand on considere que ceux d'aujourd'hui, aussi-tôt abandonnés que mis au monde, périroient tous vraisemblablement, ou presque tous.

XXXVII.

Il eſt cependant des faits certains qui nous apprennent qu'on peut faire par néceſſité bien des choſes, que nos ſeuls uſages plus que la raiſon même nous font croire abſolument impoſſibles. L'auteur du *traité de l'ame* en a fait la curieuſe récolte. On voit que des enfans laiſſés aſſez jeunes dans un déſert, pour avoir perdu toute mémoire, & pour croire n'avoir ni commencement ni fin, ou égarés pendant bien des années dans des forêts inhabitées, à la ſuite d'un naufrage, ont vécu des mêmes alimens que les bêtes, ſe ſont traînés comme elles, au lieu de marcher droits, & ne prononçoient que des ſons inarticulés, plus ou moins horribles, au lieu d'une prononciation diſtincte, ſelon ceux des animaux qu'ils avoient machinalement imités. L'homme n'apporte point ſa raiſon en naiſſant; il eſt plus bête qu'aucun animal; mais plus heureuſement organiſé pour avoir de la mémoire & de la docilité, ſi ſon inſtinct vient plus tard, ce n'eſt que pour ſe changer aſſez vîte en petite raiſon, qui, comme un corps bien nourri, ſe fortifie peu-à-peu par la culture. Laiſſez cet inſtinct en friche, la chenille n'aura point l'honneur de devenir papillon; l'homme ne ſera qu'un animal comme un autre.

XXXVIII.

Celui qui a regardé l'homme comme une plante, & n'en a gueres essentiellement fait plus d'estime que d'un chou, n'a pas plus fait de tort à cette belle espece, que celui qui en a fait une pure machine. L'homme croît dans la matrice par végétation, & son corps se dérange & se rétablit, comme une montre, soit par ses propres ressorts, dont le jeu est souvent heureux, soit par l'art de ceux qui les connoissent, non en horlogers, (les anatomistes) mais en physiciens chymistes.

XXXIX.

Les animaux éclos d'un germe éternel, quel qu'il ait été, venus les premiers au monde, à force de se mêler entr'eux, ont, selon quelques philosophes, produit ce beau monstre qu'on appelle homme : & celui-ci à son tour, par son mélange avec les animaux, auroit fait naître les differens peuples de l'univers. On fait venir, dit un auteur qui a tout pensé & n'a pas tout dit, les premiers rois de Danemarck du commerce d'une chienne avec un homme; les Péguins *se vantent* d'être issus d'un chien & d'une femme Chinoise, que le débris d'un vaisseau exposa dans leur pays : les premiers Chinois ont, dit-on, la même origine.

XL.

La différence frappante des physionomies & des caracteres des divers peuples, aura fait imaginer ces étranges congrès, & ces bisarres amalgames : & en voyant un homme d'esprit mis au monde par l'opération & le bon plaisir d'un sot, on aura cru que la génération de l'homme par les animaux n'avoit rien de plus impossible & de plus étonnant.

XLI.

Tant de philosophes ont soutenu l'opinion d'Epicure, que j'ai osé mêler ma foible voix à la leur; comme eux au reste, je ne fais qu'un systême; ce qui nous montre dans quel abyme on s'engage, quand voulant percer la nuit des temps, on veut porter de présomptueux regards sur ce qui ne leur offre aucune prise : car admettez la création ou la rejettez, c'est par-tout le même mystere; par-tout la même incompréhensibilité. Comment s'est formée cette terre que j'habite? Est-elle la seule planete habitée? D'ou viens-je? Où suis-je? Quelle est la nature de ce que je vois? de tous ces brillans phantômes dont j'aime l'illusion? Etois-je, avant que de n'être point? Serai-je, lorsque je ne serai plus? Quel état a précédé le sentiment de mon existence?

Quel état ſuivra la perte de ce ſentiment ? C'eſt ce que les plus grands génies ne ſauront jamais ; ils battront philoſophiquement la campagne, (1) comme j'ai fait, feront ſonner l'alarme aux dévots, & ne nous apprendront rien.

XLII.

Comme la médecine n'eſt le plus ſouvent qu'une ſcience de remedes dont les noms ſont admirables, la philoſophie n'eſt de même qu'une ſcience de belles paroles ; c'eſt un double bonheur, quand les uns guériſſent, & quand les autres ſignifient quelque choſe. Après un tel aveu, comment un tel ouvrage ſeroit-il dangereux ? Il ne peut qu'humilier l'orgueil des philoſophes, & les inviter à ſe ſoumettre à la foi.

XLIII.

O ! qu'un tableau auſſi varié que celui de l'univers & de ſes habitans, qu'une ſcene auſſi changeante & dont les décorations ſont auſſi belles, a de charmes pour un philoſophe ! Quoiqu'il ignore les premieres cauſes (& il s'en fait gloire), du coin du parterre où il s'eſt caché, voyant ſans

---

(1) Voyez l'hypotheſe nouvelle & ingénieuſe de Mr. de Buffon.

être vu, loin du peuple & du bruit, il aſſiſte à un ſpectacle, où tout l'enchante & rien ne le ſurprend, pas même de s'y voir.

XLIV.

Il lui paroît plaiſant de vivre, plaiſant d'être le jouet de lui-même, de faire un rôle auſſi comique, & de ſe croire un perſonnage important.

XLV.

La raiſon pour laquelle rien n'étonne un philoſophe, c'eſt qu'il ſait que la folie & la ſageſſe, l'inſtinct & la raiſon, la grandeur & la petiteſſe, la puérilité & le bon ſens, le vice & la vertu, ſe touchent d'auſſi près dans l'homme, que l'adoleſcence & l'enfance; que *l'eſprit recteur* & l'huile dans les végétaux; enfin que le pur & l'impur dans les foſſiles. L'homme dur, mais vrai, il le compare à un carroſſe doublé d'une étoffe précieuſe, mal ſuſpendu; le fat n'eſt à ſes yeux, qu'un paon qui admire ſa queue; le foible & l'inconſtant, qu'une girouette qui tourne à tout vent; l'homme violent, qu'une fuſée qui s'éleve dès qu'elle a pris feu, ou un lait bouillant, qui paſſe par-deſſus les bords de ſon vaſe, &c.

XLVI.

Moins délicat en amitié, en amour, &c. plus aisé à satisfaire & à vivre, les défauts de confiance dans l'ami, de fidélité dans la femme & la maîtresse, ne sont que de légers défauts de l'humanité, pour qui examine tout en physicien, & le vol même, vu des mêmes yeux, est plutôt un vice qu'un crime. Savez-vous pourquoi je fais encore quelque cas des hommes ? C'est que je les crois sérieusement des *machines*. Dans l'hypothese contraire, j'en connois peu dont la société fût estimable. Le matérialisme est l'antidote de la misanthropie.

XLVII.

On ne fait point de si sages réflexions, sans en tirer quelque avantage pour soi-même; c'est pourquoi le philosophe, opposant à ses propres vices, la même égide qu'à l'adversité, n'est pas plus intérieurement déchiré par la malheureuse nécessité de ses mauvaises qualités, qu'il n'est vain & glorieux de ses bonnes. Si le hasard a voulu qu'il fût aussi bien organisé que la société peut, & que chaque homme raisonnable doit le souhaiter, le philosophe s'en félicitera, & même s'en réjouira, mais sans suffisance & sans présomption. Par la raison contraire, comme il ne s'eſt pas fait lui-même, ſi les reſſorts de ſa machine jouent mal, il en eſt fâché, il en gémit en qualité de bon citoyen; comme philoſophe, il ne s'en croit point reſponſable. Trop éclairé pour ſe trouver coupable de penſées & d'actions, qui naiſſent & ſe font malgré lui; ſoupirant ſur la funeſte condition de l'homme, il ne ſe laiſſe pas ronger par ces bourreaux de remords, fruits amers de l'education, que l'arbre de la nature ne porta jamais.

XLVIII.

Nous ſommes dans ſes mains, comme une pendule dans celles d'un horloger; elle nous a pétris, comme elle a voulu, ou plutôt comme elle a pu; enfin nous ne ſommes pas plus criminels, en ſuivant l'impreſſion des mouvemens primitifs qui nous gouvernent, que le Nil ne l'eſt de ſes inondations, & la mer de ſes ravages.

XLIX.

Après avoir parlé de l'origine des animaux, je ferai quelques réflexions ſur la mort; elles ſeront ſuivies de quelques autres ſur la vie & la volupté. Les unes & les autres ſont proprement un *projet de vie & de mort*, digne de couronner un ſyſtême épicurien.

L.

La tranſition de la vie à la mort, n'eſt pas plus violente, que ſon paſſage. L'intervalle qui les ſépare, n'eſt qu'un point, ſoit par rapport à la nature de la vie, qui ne tient qu'à un fil, que tant de cauſes peuvent rompre, ſoit dans l'immenſe durée des êtres. Hélas! puiſque c'eſt dans ce point que l'homme s'inquiete, s'agite, & ſe tourmente ſans-ceſſe, on peut bien dire que la raiſon n'en a fait qu'un fou.

L I.

Quelle vie fugitive! Les formes des corps brillent, comme les vaudevilles ſe chantent. L'homme & la roſe paroiſſent le matin, & ne ſont plus le ſoir. Tout ſe ſuccede, tout diſparoît, & rien ne périt.

L I I.

Trembler aux approches de la mort, c'eſt reſſembler aux enfans, qui ont peur des ſpectres & des eſprits. Le pâle phantôme peut frapper à ma porte, quand il voudra, je n'en ſerai point épouvanté. Le philoſophe ſeul eſt brave, où la plupart des braves ne le ſont point.

L I I I.

Lorſqu'une feuille d'arbre tombe, quel mal ſe

fait-elle? La terre la reçoit bénignement dans son sein; & lorsque la chaleur du soleil en a exalté les principes, ils nagent dans l'air, & sont le jouet des vents.

LIV.

Quelle différence y a-t-il entre un homme & une plante, réduits en poudre? Les cendres animales ne ressemblent-elles pas aux végétales?

LV.

Ceux (1) qui ont défini le froid, *une privation du feu*, ont dit ce que le froid n'est pas, & non ce qu'il est : il n'en est pas de même de la mort. Dire ce qu'elle n'est pas; dire qu'elle est une privation d'air, qui fait cesser tout mouvement, toute chaleur, tout sentiment; c'est assez déclarer ce qu'elle est : rien de positif; rien; moins que rien, si on pouvoit le concevoir; non, rien de réel; rien qui nous regarde, rien qui nous appartienne, comme l'a fort bien dit Lucrece. La mort n'est dans la nature des choses, que ce qu'est le zéro dans l'arihmétique.

LVI.

C'est cependant (qui le croiroit?) c'est ce zéro,

---

(1) Boerh. *Elem. Chem.* T. 1. *de Igne.*

ce chiffre qui ne compte point, qui ne fait point nombre par lui même ; c'est ce chiffre, pour lequel il n'y a rien à payer, qui cause tant d'alarmes & d'inquiétudes ; qui fait flotter les uns dans une incertitude cruelle, & fait tellement trembler les autres, que certains n'y peuvent penser sans horreur. Le seul nom de la mort les fait frémir. Le passage de quelque chose à rien, de la vie à la mort, de l'être au néant, est-il donc plus inconcevable, que le passage de rien à quelque chose, du néant à l'être, ou à la vie ? Non, il n'est pas moins naturel ; & s'il est plus violent, il est aussi plus nécessaire.

LVII.

Accoutumons-nous à le penser, & nous ne nous affligerons pas plus de nous voir mourir, que de voir la lame user enfin le fourreau ; nous ne donnerons point de larmes puériles à ce qui doit indispensablement arriver. Faut-il donc tant de force de raison, pour faire le sacrifice de nous-mêmes, & y être toujours prêts. Quelle autre force nous retient à ce qui nous quitte ?

LVIII.

Pour être vraiment sage, il ne suffit pas de savoir vivre heureux dans la médiocrité, il faut savoir tout quitter de sang froid, quand l'heure en est venue. Plus on quitte, plus l'héroïsme est grand. Le dernier moment est la principale pierre de touche de la sagesse; c'est, pour ainsi dire, dans le creuset de la mort, qu'il la faut éprouver.

L I X.

Si vous craignez la mort, si vous êtes trop attaché à la vie, vos derniers soupirs seront affreux; la mort vous servira du plus cruel bourreau; c'est un supplice, que d'en craindre.

L X.

Pourquoi ce guerrier qui s'est acquis tant de gloire dans le champ de Mars, qui s'est tant de fois montré redoutable dans des combats singuliers, malade au lit, ne peut-il soutenir, pour ainsi dire, le duel de la mort?

L X I.

Au lit de mort, il n'est plus question de ce faste, ou de ce bruyant appareil de guerre, qui excitant les esprits, fait machinalement courir aux armes. Ce grand aiguillon des François, le point d'honneur n'a plus lieu; on n'a point devant soi l'exemple de tant de camarades, qui braves les uns par les autres, ſans doute plus que par eux-mêmes, s'animent mutuellement à la ſoif du carnage. Plus de ſpectateurs, plus de fortune, plus de diſtinction à eſpérer. Où l'on ne voit que le néant pour récompenſe de ſon courage, quel motif ſoutiendroit l'amour-propre ?

LXII.

Je ne ſuis point ſurpris de voir mourir lâchement au lit, & courageuſement dans une action. Le duc de *** affrontoit intrépidement le canon ſur le revers de la tranchée, & pleuroit à la garde-robe. Là héros, ici poltron, tantôt Achille, tantôt Therſite ; tel eſt l'homme ! Qu'y a-t-il de plus digne de l'inconſéquence d'un eſprit auſſi biſarre ?

LXIII.

Voilà, dieu merci, tant de fortes épreuves par leſquelles j'ai paſſé ſans trembler, que j'ai lieu de croire que je mourrai de même, en philoſophe. Dans ces violentes criſes, où je me ſuis vu prêt de paſſer de la vie à la mort, dans ces momens de foibleſſe, où l'ame s'anéantit avec le corps, momens terribles pour tant de grands hommes, comment moi, frêle & délicate machine, ai-je la force de plaiſanter, de badiner, de rire ?

LXIV.

Je n'ai ni craintes, ni eſpérances. Nulle empreinte de ma premiere éducation ; cette foule de préjugés, ſucés, pour ainſi dire, avec le lait, a heureuſement diſparu de bonne heure à la divine clarté de la philoſophie. Cette ſubſtance molle & tendre, ſur laquelle le cachet de l'erreur s'étoit ſi bien imprimé, raſe aujourd'hui, n'a conſervé aucuns veſtiges, ni de mes collegues, ni de mes pédans. J'ai eu le courage d'oublier ce que j'avois eu la foibleſſe d'apprendre ; tout eſt rayé ; (quel bonheur !) tout eſt effacé, tout eſt extirpé juſqu'à la racine ; & c'eſt le grand ouvrage de la réflexion & de la philoſophie ; elles ſeules pouvoient arracher l'yvraie, & ſemer le bon grain dans les ſillons que la mauvaiſe herbe occupoit.

LXV.

Laiſſons-là cette épée fatale qui pend ſur nos têtes. Si nous ne pouvons l'enviſager ſans trouble, oublions que ce n'eſt qu'à un fil qu'elle eſt ſuſpendue. Vivons tranquilles, pour mourir de même.

LXVI.

Epictete, Antonin, Sénéque, Pétrone, Anacréon, Chaulieu, &c. ſoyez mes évangéliſtes & mes directeurs dans les derniers momens de ma vie... Mais non; vous me ferez inutiles; je n'aurai besoin ni de m'aguerrir, ni de me dissiper, ni de m'étourdir. Les yeux voilés, je me précipiterai dans ce fleuve de l'éternel oubli, qui engloutit tout sans retour. La faulx de la Parque ne sera pas plutôt levée, que déboutonnant moi-même mon coû, je serai prêt à recevoir le coup.

LXVII.

La faulx! Chimere poétique! La mort n'est point armée d'un instrument tranchant. On diroit (autant que j'en ai pu juger par ses plus intimes approches) qu'elle ne fait que passer au coû des mourans un nœud coulant, qui serre moins, qu'il n'agit avec une douceur narcotique: c'est l'opium de la mort; tout le sang en est enivré, les sens s'émoussent: on se sent mourir, comme on se sent dormir, ou tomber en foiblesse, non sans quelque volupté.

LXVIII.

Combien tranquille en effet, combien douce est une mort qui vient comme pas à pas, qui ne surprend, ni ne blesse! Une mort prévue, où l'on n'a que le sentiment qu'il faut avoir, pour en jouir! Je ne suis point étonné que ces mots-là séduisent par leur flatteuse amorce. Rien de douloureux, rien de violent ne les accompagne; les vaisseaux ne ſe bouchent que l'un après l'autre, la vie s'en va peu-à-peu, avec une certaine nonchalance molle: on ſe ſent ſi doucement tiré d'un côté, qu'à peine daigne-t-on ſe retourner de l'autre. Il en coûte, il eſt violent à la nature, de ne pas ſuccomber à la tentation de mourir, quand le dégoût de la vie fait le plaiſir de la mort.

L X I X.

La mort & l'amour ſe conſomment par les mêmes moyens, l'expiration. On ſe reproduit, quand c'eſt d'amour qu'on meurt : on s'anéantit, quand c'eſt par le ciſeau d'Atropos. Remercions la nature, qui ayant conſacré les plaiſirs les plus vifs à la production de notre eſpece, nous en a encore réſervés d'aſſez doux, le plus ſouvent, pour ces momens où elle ne peut plus nous conſerver vivans.

L X X.

J'ai vu mourir, triſte ſpectacle! des milliers de ſoldats, dans ces grands hôpitaux militaires, qui m'ont été confiés en Flandres durant la derniere guerre. Les morts agréables, telles que je viens de les peindre, m'ont paru beaucoup moins rares, que les morts douloureuſes. Les plus communes ſont inſenſibles. On ſort de ce monde, comme on y vient, ſans le ſavoir.

LXXI.

Que risque-t-on à mourir? Et que ne risque-t-on à vivre?

LXXII.

La mort est la fin de tout; après elle, je le répete, un abyme, un néant éternel; tout est dit, tout est fait; la somme des biens, & la somme des maux est égale: plus de soins, plus d'embarras, plus de personnage à représenter; *la farce est jouée.* (1)

LXXIII.

« Pourquoi n'ai-je pas profité de mes maladies,
» ou plutôt d'une d'entr'elles, pour finir cette
» comédie du monde! Les frais de ma mort étoient
» faits; voilà un ouvrage manqué, auquel il faudra
» toujours revenir. Semblables à une montre dont
» les mouvemens retardés, parcourant toujours
» le même cercle, quoique avec plus de lenteur,
» remettent cependant l'aiguille au point où elle
» étoit, quand elle a commencé de tourner, nous
» parviendrons tous de même au point que nous
» fuyons: la médecine la plus éclairée, ou la plus
» heureuse, ne peut que retarder les mouvemens
» de l'aiguille. A quoi bon tant de peines & tant

---

(1) Rabelais.

» d'efforts! Après avoir courageusement monté sur » l'échaffaud, est aussi dupe que lâche qui en des- » cend, pour passer de nouveau par les verges & les » étrivieres de la vie. » Langage bien digne d'un homme dévoré d'ambition, rongé d'envie, en proie à un amour malheureux, ou poursuivi par d'autres furies!

LXXIV.

Non, je ne serai point le corrupteur du goût inné qu'on a pour la vie; je ne répandrai point le dangereux poison du Stoïcisme sur les beaux jours, & jusques sur la prospérité de nos Lucilius. Je tâcherai au contraire d'émousser la pointe des épines de la vie, si je n'en puis diminuer le nombre, afin d'augmenter le plaisir, d'en cueillir les roses: & ceux qui par un malheur d'organisation déplorable, s'ennuyeront au beau spectacle de l'univers, je les prierai d'y rester, par religion, s'ils n'ont pas d'humanité; ou, ce qui est plus grand, par humanité, s'ils n'ont pas de religion. Je ferai envisager aux simples les grands biens que la religion promet à qui aura la patience de supporter ce qu'un grand homme a nommé *le mal de vivre*; & les tourmens éternels dont elle menace ceux qui ne veulent point rester en proie à la douleur, ou à l'ennui. Les autres, ceux pour qui la religion n'est que ce qu'elle est, une fable, ne pouvant les retenir

C 3

par des liens rompus, je tâcherai de les séduire par des sentimens généreux, de leur inspirer cette grandeur d'ame, à qui tout cede; enfin faisant valoir les droits de l'humanité, qui vont devant tout, je montrerai ces relations cheres & sacrées, plus patétiques que les plus éloquens discours. Je ferai paroître une épouse, une maîtresse en pleurs; des enfans désolés, que la mort d'un pere va laisser sans éducation sur la face de la terre. Qui n'entendroit des cris si touchans du bord du tombeau? Qui ne r'ouvriroit une paupiere mourante? Quel est le lâche qui refuse de porter un fardeau utile à plusieurs? Quel est le monstre, qui par une douleur d'un moment, s'arrachant à sa famille, à ses amis, à sa patrie, n'a pour but que de se délivrer des devoirs les plus sacrés!

L X X V.

Que pourroient contre de tels argumens, tous ceux d'une secte, qui, quoiqu'on (1) en dise, n'a fait de grands hommes qu'aux dépens de l'humanité?

L X X V I.

Il est assez indifférent par quel aiguillon on excite les hommes à la vertu. La religion n'est nécessaire que pour qui n'est pas capable de sentir l'humanité.

---

(1) Esprit des loix, T. I.

Il est certain (qui n'en fait pas tous les jours l'observation ou l'expérience ?) qu'elle est inutile au commerce des honnêtes gens. Mais il n'appartient qu'aux ames élevées de sentir cette grande vérité. Pour qui donc est fait ce merveilleux ouvrage de la politique ? Pour des esprits, qui n'auroient peut-être point eu assez des autres freins ; espece, qui malheureusement constitue le plus grand nombre ; espece imbécille, basse, rampante, dont la société a cru ne pouvoir tirer parti, qu'en la captivant par le mobile de tous les esprits, l'intérêt ; celui d'un bonheur chimérique.

L X X V I I.

J'ai entrepris de me peindre dans mes écrits, comme Montagne a fait dans ses *Essais*. Pourquoi ne pourroit-on pas se traiter soi-même ? Ce sujet en vaut bien un autre, où l'on voit moins clair : & lorsqu'on a dit une fois que c'est de soi qu'on a voulu parler, l'excuse est faite, ou plutôt on n'en doit point.

L X X V I I I.

Je ne suis point de ces misanthropes, tels que le Vayer, qui ne voudroient point recommencer leur carriere, l'ennui hypocondriaque est trop loin de moi ; mais je ne voudrois pas repasser par cette stupide enfance, qui commence & finit notre course. J'attache déjà volontiers, comme parle

Montagne, *la queue d'un philoſophe* au plus bel âge de ma vie; mais, pour remplir par l'eſprit, autant qu'il eſt poſſible, les vuides du cœur, & non pour me repentir de les avoir autrefois comblés d'amour. Je ne voudrois revivre, que comme j'ai vécu, dans la bonne chere, dans la bonne compagnie, la joie, le cabinet, la galanterie; toujours partageant mon temps entre les femmes, cette charmante école des graces, Hyppocrate, & les muſes, toujours auſſi ennemi de la débauche, qu'ami de la volupté; enfin tout entier à ce charmant mêlange de ſageſſe & de folie, qui s'aiguiſant l'une par l'autre, rendent la vie plus agréable, & en quelque ſorte plus piquante.

LXXIX.

Gémiſſez, pauvres mortels! Qui vous en empêche? Mais que ce ſoit de la brieveté de vos égaremens; leur délire eſt d'un prix fort au-deſſus d'une raiſon froide qui déconcerte, glace l'imagination & effarouche les plaiſirs.

LXXX.

Au lieu de ces bourreaux de remords qui nous tourmentent, ne donnons à ce charmant & irréparable temps paſſé, que les mêmes regrets, qu'il eſt juſte que nous donnions un jour (modérément) à nous-mêmes, quand il nous faudra, pour ainſi dire, nous quitter. Regrets raiſonnables, je vous adoucirai encore, en jettant des fleurs ſur mes derniers pas, & preſque ſur mon tombeau ! Ces fleurs ſeront la gaieté, le ſouvenir de mes plaiſirs, ceux des jeunes gens qui me rappelleront les miens, la converſation des perſonnes aimables, la vue de jolies femmes, dont je veux mourir entouré, pour ſortir de ce monde, comme d'un ſpectacle enchanteur; enfin cette douce amitié, qui ne ſait pas tout-à-fait oublier le tendre amour. Délicieuſe réminiſcence, lectures agréables, vers charmans, philoſophes, goût des arts, aimables amis, vous qui faites parler à la raiſon même le langage de ces graces, ne me quittez jamais !

LXXXI.

Jouiſſons du préſent; nous ne ſommes que ce qu'il eſt. Morts d'autant d'années que nous en avons, l'avenir qui n'eſt point encore, n'eſt pas plus en notre pouvoir, que le paſſé qui n'eſt plus. Si nous ne profitons pas des plaiſirs qui ſe préſentent, ſi nous fuyons ceux qui ſemblent aujourd'hui nous chercher, un jour viendra que nous les chercherons en vain; ils nous fuiront bien plus à leur tour.

LXXXII.

Différer de ſe réjouir juſqu'à l'hiver de ſes ans,

c'est attendre dans un festin pour manger, qu'on ait desservi. Nulle autre saison ne succede à celle-là. Les froids aquilons soufflent jusqu'à la fin, & la joie même alors sera plus glacée dans nos cœurs, que nos liquides dans leurs tuyaux.

LXXXIII.

Je ne donnerai point au couchant de mes jours, la préférence sur leur midi : si je compare cette derniere partie, où l'on végete, c'est à celle où l'on végétoit. Loin de maudire le passé, m'acquittant envers lui du tribut d'éloges qu'il mérite, je le bénirai dans le bel âge de mes enfans, qui, rassurés par ma douceur contre une sévérité apparente, aimeront & chercheront la compagnie d'un bon pere, au lieu de la craindre & de la fuir.

LXXXIV.

Voyez la terre couverte de neige & de frimats! Des crystaux de glace font tout l'ornement des arbres dépouillés; d'épais brouillards éclipsent tellement l'astre du jour, que les mortels incertains voient à peine à se conduire. Tout languit, tout est engourdi; les fleuves sont changés en marbre, le feu des corps est éteint, le froid semble avoir enchaîné la nature. Déplorable image de la vieillesse! La seve de l'homme manque aux lieux qu'elle arrofoit. Impitoyablement flétrie, reconnoiffez vous cette beauté, à qui votre cœur amoureux dreffoit autrefois des autels? Trifte, à l'afpect d'un fang glacé dans fes veines, comme les poëtes peignent les Naïades dans le cours arrêté de leurs eaux, combien d'autres raifons de gémir, pour qui la beauté eft le plus grand préfent des dieux! La bouche eft dépouillée de fon plus bel ornement; une tête chauve fuccede à ces cheveux blonds naturellement bouclés, qui flottoient, en fe jouant, fur une belle gorge qui n'eft plus. Changée en efpece de tombeau, les plus féduifans appas du fexe femblent s'y être écroulés, & comme enfevelis. Cette peau fi douce, fi unie, fi blanche, n'eft plus qu'une foule d'écailles, de plis & de replis hideufement tortueux: la ftupide imbécillité habite ces rides jaunes & raboteufes, où l'on croit la fageffe. Le cerveau affaiffé, tombant chaque jour fur lui-même, laiffe à peine paffer un rayon d'intelligence; enfin l'ame abrutie s'éveille, comme elle s'endort, fans idées. Telle eft la derniere enfance de l'homme. Peut-elle mieux reffembler à la premiere, & venir d'une caufe plus différente.

LXXXV.

Comment cet âge fi vanté l'emporteroit-il fur celui d'Hébé? Seroit-ce fous le fpécieux prétexte d'une longue expérience, qu'une raiſon chancelante & mal aſſurée ne peut ordinairement que mal ſaiſir ? Il y a de l'ingratitude à mettre la plus dégoûtante partie de notre être, je ne dis pas au-deſſus, mais au niveau de la plus belle & de la plus floriſſante. Si l'âge avancé mérite des égards, la jeuneſſe, la beauté, le génie, la vigueur, méritent des hommages & des autels. Heureux temps, où vivant ſans nulle inquiétude, je ne connoiſſois d'autres devoirs, que ceux des plaiſirs : ſaiſon de l'amour et du cœur, âge aimable, âge d'or, qu'êtes-vous devenus !

L X X X V I.

Préférer la vieilleſſe à la jeuneſſe, c'eſt commencer à compter le mérite des ſaiſons par l'hiver. C'eſt moins eſtimer les préſens de Flore, de Cérès, de Pomone, que la neige, la glace & les noirs frimats, les bleds, les raiſins, les fruits, & toutes ces fleurs odoriférantes, dont l'air eſt ſi délicieuſement parfumé, que des champs ſtériles, où il ne croît pas une ſeule roſe, parmi une infinité de chardons : c'eſt moins eſtimer une belle & riante campagne, que des landes triſtes et déſertes, où le chant des oiſeaux qui ont fui, ne ſe fait plus entendre, & où enfin, au lieu de l'alégreſſe & des chanſons de moiſſonneurs & de vendangeurs, regnent la déſolation & le ſilence.

LXXXVII.

A mesure que le sein glacé de la terre s'ouvre aux douces haleines du zéphire, les grains semés germent ; la terre se couvre de fleurs & de verdure. Agréable livrée du printemps, tout prend une autre face à ton aspect ; toute la nature se renouvelle, tout est plus gai, plus riant dans l'univers! L'homme seul, hélas ! ne se renouvelle point : il n'y a pour lui ni fontaine de Jouvence, ni de Jupiter qui veuille rajeunir nos Titons, ni peut-être d'Aurore qui daigne généreusement l'implorer pour le sien.

LXXXVIII.

La plus longue carriere ne doit point alarmer les gens aimables. Les graces ne vieillissent point ; elles se trouvent quelquefois parmi les rides & les cheveux blancs ; elles font en tout temps badiner la raison ; en tout temps elles empêchent l'esprit d'y croupir. Ainsi par elles on plaît à tout âge ; à tout âge, on fait même sentir l'amour, comme l'abbé Gédoin l'éprouva avec la charmante octogénaire Ninon de Lenclos, qui le lui avoit prédit.

LXXXIX.

Lorsque je ne pourrai plus faire qu'un repas par jour avec Comus, j'en ferai encore un par semaine, si je peux, avec Vénus, pour conserver cette humeur douce & liante, ſinon plus agreable, du moins plus néceſſaire à la ſociété que l'eſprit. On reconnoît ceux qui fréquentent la déeſſe, à l'urbanité, à la politeſſe, à l'agrément de leur commerce. Quand je lui aurai dit, hélas! un éternel adieu dans le culte, je la célébrerai encore dans ces jolies chanſons & ces joyeux propos, qui applaniſſent les rides & attirent encore la brillante jeuneſſe autour des vieillards rajeunis.

XC.

Lorſque nous ne pouvons plus goûter les plaiſirs, nous les décrions. Pourquoi déconcerter la jeuneſſe? N'eſt-ce pas ſon tour de s'ébattre & de ſentir l'amour? Ne les défendons que comme on faiſoit à Sparte, pour en augmenter le charme & la fécondité. Alors vieillards raiſonnables, quoique vieux avant la vieilleſſe, nous ſerons ſupportables, & peut-être aimables encore après.

XCI.

Je quitterai l'amour, peut-être plutôt que je ne penſe; mais je ne quitterai jamais Thémire. Je n'en ferois pas le ſacrifice aux dieux. Je veux que ſes belles mains, qui tant de fois ont amuſé mon réveil, me ferment les yeux. Je veux qu'il ſoit difficile de dire, laquelle aura eu plus de part à ma fin, ou de la Parque, ou de la Volupté. Puiſſé-je véritablement mourir dans ses beaux bras, où je me suis tant de fois oublié! Et, (pour tenir un langage qui rit à l'imagination, & peint si bien la nature,) puisse mon ame errante dans les champs élysées, & comme cherchant des yeux sa moitié, la demander à toutes les ombres; aussi étonnée de ne plus voir le tendre objet qui la tenoit, il n'y a qu'un moment, dans des embrassemens si doux, que Thémire, de sentir un froid mortel dans un cœur, qui, par la force dont il battoit, promettoit de battre encore long-temps pour elle! Tels sont mes *projets de vie & de mort*; dans le cours de l'une & jusqu'au dernier soupir, Epicurien voluptueux; Stoïcien ferme, aux approches de l'autre.

XCII.

Voilà deux sortes de réflexions bien différentes les unes des autres, que j'ai voulu faire entrer dans ce systême Epicurien. Voulez-vous savoir ce que j'en pense moi-même? Les secondes m'ont laissé dans l'ame un sentiment de volupté qui ne m'empêche pas de rire des premieres. Quelle folie de mettre en prose, peut-être médiocre, ce qui est à peine supportable en beaux vers? Et qu'on est dupe, de perdre en de vaines recherches, un temps, hélas! si court, & bien mieux employé à jouir, qu'à connoître!

XCIII.

Je vous salue, heureux climats, où tout homme

qui vit comme les autres, peut penſer autrement que les autres; où les théologiens ne ſont pas plus juges des philoſophes qu'ils ne ſont faits pour l'être; où la liberté de l'eſprit, le plus bel apanage de l'humanité, n'eſt point enchaînée par les préjugés: où l'on n'a point honte de dire ce qu'on ne rougit point de penſer: où l'on ne court point riſque d'être le martyr de la doctrine dont on eſt apôtre. Je vous ſalue, patrie déjà célébrée par les philoſophes, où tous ceux que la tyrannie perſécute, trouvent (s'ils ont du mérite & de la probité) non un aſyle aſſuré, mais un port glorieux; où l'on ſent combien les conquêtes de l'eſprit ſont au-deſſus de toutes les autres; où le philoſophe enfin comblé d'honneurs & de bienfaits, ne paſſe pour un monſtre que dans l'eſprit de ceux qui n'en ont point. Puiſſiez-vous, heureuſe terre, fleurir de plus en plus! Puiſſiez-vous ſentir tout votre bonheur, & vous rendre en tout, s'il ſe peut, digne du grand homme que vous avez pour roi! Muſes, graces, amours, & vous, ſage Minerve, en couronnant des plus beaux lauriers l'auguſte front du *Julien moderne*, auſſi digne de gouverner que l'ancien, auſſi ſavant, auſſi bel eſprit, auſſi philoſophe, vous ne couronnez que votre ouvrage.

L'HOMME

L'HOMME PLANTE.

PRÉFACE.

L'Homme est ici métamorphosé en plante, mais ne croyez pas que ce soit une fiction dans le goût de celle d'Ovide. La seule analogie du regne végétal & du regne animal m'a fait découvrir dans l'un, les principales parties qui se trouvent dans l'autre. Si mon imagination joue ici quelquefois, c'est, pour ainsi dire, sur la table de la vérité; mon champ de bataille est celui de la nature, dont il n'a tenu qu'à moi d'être assez peu singulier, pour en dissimuler les variétés.

L'HOMME PLANTE.

CHAPITRE PREMIER.

Nous commençons à entrevoir l'uniformité de la nature : ces rayons de lumiere encore foibles sont dûs à l'étude de l'histoire naturelle ; mais jusqu'à quel point va cette uniformité ?

Prenons garde d'outrer la nature, elle n'est pas si uniforme, qu'elle ne s'écarte souvent de ses loix les plus favorites : tâchons de ne voir que ce qui est, sans nous flatter de tout voir : tout est piege ou écueil, pour un esprit vain & peu circonspect.

Pour juger de l'analogie qui se trouve entre les deux principaux regnes, il faut comparer les parties des plantes avec celles de l'homme, & ce que je dis de l'homme, l'appliquer aux animaux.

Il y a dans notre espece, comme dans les végétaux, une racine principale & des racines capillaires. Le réservoir des lombes & le canal thorachique, forment l'une, & les veines lactées sont les autres. Memes usages, mêmes fonctions par-tout. Par ces racines, la nourriture eſt portée dans toute l'étendue du corps organiſé.

L'homme n'eſt donc point un arbre renverſé, dont le cerveau ſeroit la racine, puiſqu'elle réſulte du ſeul concours des vaiſſeaux abdominaux qui ſont les premiers formés; du moins le ſont-ils avant les tégumens qui les couvrent, & forment l'écorce de l'homme. Dans le germe de la plante, une des premieres choſes qu'on apperçoit, c'eſt ſa petite racine, enſuite ſa tige; l'une deſcend, l'autre monte.

Les poumons ſont nos feuilles. Elles ſuppléent à ce viſcere dans les végétaux, comme il remplace chez nous les feuilles qui nous manquent. Si ces poumons des plantes ont des branches, c'eſt pour multiplier leur étendue, & qu'en conſéquence il y entre plus d'air: ce qui fait que les végétaux, & ſur-tout les arbres en reſpirent en quelque ſorte plus à l'aiſe. Qu'avions-nous beſoin de feuilles & de rameaux? La quantité de nos vaiſſeaux & de nos véſicules pulmonaires, eſt ſi bien proportionnée à la maſſe de notre corps, à l'étroite circonférence qu'elle occupe, qu'elle nous ſuffit. C'eſt un grand plaiſir d'obſerver ces vaiſſeaux & la circulation qui s'y fait principalement dans les amphibies.

Mais quoi de plus reſſemblant qne ceux qui ont été découverts & décrits par les Harvées de la botanique! *Ruiſch*, *Boerhaave*, &c. ont trouvé dans l'homme la même nombreuse suite de vaisseaux que *Malpighi*, *Leuvvenhœk*, *van Royen*, dans les plantes ? Le cœur bat-il dans tous les animaux ? enfle-t-il leurs veines de ces ruisseaux de sang, qui portent dans toute la machine le sentiment & la vie ? La chaleur, cet autre cœur de la nature, ce feu de la terre & du soleil, qui semble avoir passé dans l'imagination des poëtes, qui l'ont peint; ce feu, dis-je, fait également circuler les sucs dans les tuyaux des plantes, qui transpirent comme nous. Quelle autre cause en effet pourroit faire tout germer, croître, fleurir & multiplier dans l'univers ?

L'air paroît produire dans les végétaux les mêmes effets qu'on attribue avec raison dans l'homme, à cette subtile liqueur des nerfs, dont l'existence est prouvée par mille expériences.

C'est cet élément, qui par son irritation & son ressort fait quelquefois élever les plantes au-dessus de la surface des eaux, s'ouvrir & se fermer, comme on ouvre & ferme la main : phénomene dont la considération a peut-être donné lieu à l'occasion de ceux qui ont fait entrer l'éther dans les esprits animaux, auxquels il seroit mêlé dans les nerfs.

Si les fleurs ont leurs feuilles, ou *pétales*, nous pouvons regarder nos bras & nos jambes comme de pareilles parties. Le *nectarium*, qui est le réservoir du miel dans certaines fleurs telles que la tulippe, la rose, &c. est celui du lait dans la plante femelle de notre espece, lorsque la mâle le fait venir. Il est double, & a son siege à la base latérale de chaque *pétale*, immédiatement sur un muscle considérable, le grand pectoral.

On peut regarder la matrice vierge, ou plutôt non grosse, ou, si l'on veut, l'ovaire, comme un germe qui n'est point encore fécondé. Le *stylus* de la femme est le vagin; la vulve, le mont de Vénus avec l'odeur qu'exhalent les glandes de ces parties, répondent au *Stigma* : & ces choses, la matrice, le vagin & la vulve forment le *Pistille*; nom que les botanistes modernes donnent à toutes le parties femelles des plantes.

Je compare le *péricarpe* à la matrice dans l'état de grossesse, parce qu'elle sert à envelopper le fœtus. Nous avons notre *graine* comme les plantes, & elle est quelquefois fort abondante.

Le *nectarium* sert à distinguer les sexes dans notre espece, quand on veut se contenter du premier coup d'œil, mais les recherches les plus faciles ne sont pas les plus sûres; il faut joindre le *pistille* au *nectarium*, pour avoir l'essence de la femme; car le premier peut bien se trouver sans le second, mais jamais le second sans le premier, si ce n'est dans des hommes d'un embonpoint considérable, & dont les mamelles imitent d'ailleurs celles de la femme, jusqu'à donner du lait, comme Morgagni & tant d'autres en rapportent l'obſervation. Toute femme imperforée, ſi on peut appeler femme, un être qui n'a aucun ſexe, telle que celle dont je fais plus d'une fois mention, n'a point de gorge, c'eſt le bourgeon de la vigne, ſur-tout cultivée.

Je ne parle point du *calice*, ou plutôt du *corolle*, parce qu'il eſt étranger chez nous, comme je le dirai.

C'en eſt aſſez, car je ne veux point aller ſur les briſées de Corneille Agrippa. J'ai décrit botaniquement la plus belle plante de notre eſpece, je veux dire la femme; ſi elle eſt ſage, quoique métarmophoſée en fleur, elle n'en ſera pas plus facile à cueillir.

Pour nous autres hommes, ſur leſquels un coup d'œil ſuffit, fils de Priape, animaux ſpermatiques, notre *étamine* eſt comme roulée en tube cylindrique, c'eſt la *verge*, & le ſperme eſt notre *poudre* fécondante. Semblables à ces plantes, qui n'ont qu'un mâle, nous ſommes des *Monandria* : les femmes ſont des *Monagynia*, parce qu'elles n'ont qu'un vagin. Enfin le genre humain, dont le mâle eſt ſéparé de la femelle, augmentera la claſſe des *Dieciæ* : je me ſers des mots dérivés du grec, & imaginés par Linnæus.

J'ai cru devoir expoſer d'abord l'analogie qui regne entre la plante & l'homme déjà formés, parce qu'elle eſt plus ſenſible & plus facile à ſaiſir. En voici une plus ſubtile, & que je vais puiſer dans la génération des deux regnes.

Les plantes ſont mâles & femelles, & ſe ſecoüent comme l'homme, dans le congrès. Mais en quoi conſiſte cette importante action qui renouvelle toute la nature? Les globules infiniment petits, qui ſortent des grains de cette pouſſiere, dont ſont couvertes les étamines des fleurs, ſont enveloppés dans la coque de ces grains, à-peu-près comme certains œufs, ſelon Needham & la vérité. Il me ſemble que nos gouttes de ſemence ne répondent pas mal à ces grains, & nos vermiſſeaux à leurs globules. Les animalcules de l'homme ſont véritablement enfermés dans deux liqueurs, dont la plus commune, qui eſt le ſuc des proſtates, enveloppe la plus précieuſe, qui eſt la ſemence proprement dite; & à l'exemple de chaque globule de poudre végétale, ils contiennent vraiſemblablement la plante humaine en miniature. Je ne ſais pourquoi Needham s'eſt aviſé de nier ce qu'il eſt ſi facile de voir. Comment un phyſicien ſcrupuleux, un de ces prétendus ſectateurs de la ſeule expérience, ſur des obſervations faites dans une eſpece, oſe-t-il conclure que les mêmes phénomenes doivent ſe rencontrer dans une autre, qu'il n'a cependant point obſervée, de ſon propre aveu? De telles concluſions tirées pour l'honneur d'une hypothese, dont on ne hait que le nom, fâché que la chose n'ait pas lieu, de telles conclusions, dis-je, en font peu à leur auteur. Un homme du mérite de Needham avoit encore moins besoin d'exténuer celui de M. Geoffroy, qui, autant que j'en puis juger par son mémoire sur la structure & les principaux usages des fleurs, a plus que conjecturé que les plantes étoient fécondées par la poussiere de leurs étamines. Ceci soit dit en passant.

Le liquide de la plante dissout mieux qu'aucun autre, la matiere qui doit la féconder ; de sorte qu'il n'y a que la partie la plus subtile de cette matiere qui aille frapper le but.

Le plus subtil de la semence de l'homme ne porte-t-il pas de même son ver, ou son petit poisson, jusques dans l'ovaire de la femme?

Needham (1) compare l'action des globules fécondans à celle d'un éolipille violemment échauffé. Elle paroît aussi semblable à une espece de petite bilevesée, tant dans la nature même, ou dans l'observation, que dans la figure que ce jeune & illustre naturaliste Anglois nous a donnée de l'éjaculation des plantes.

Si le suc propre à chaque végétal produit cette

(1) *Nouvelles découvertes faites avec le microscope.* Leyde, 1747, in-12.

action d'une maniere incompréhensible, en agissant sur les grains de poussiere, comme l'eau simple fait d'ailleurs, comprenons-nous mieux comment l'imagination d'un homme qui dort, produit des pollutions, en agissant sur les muscles érecteurs & éjaculateurs, qui, même seuls & sans le secours de l'imagination, occasionnent quelquefois les mêmes accidens ? A moins que les phénomenes qui s'offrent de part & d'autre, ne vinssent d'une même cause, je veux dire d'un principe d'irritation, qui après avoir tendu les ressorts, les feroit se débander. Ainsi l'eau pure, & principalement le liquide de la plante, n'agiroit pas autrement sur les grains de poussiere, que le sang & les esprits sur les muscles & les réservoirs de la semence.

L'éjaculation des plantes ne dure qu'une seconde ou deux ; la nôtre dure-t-elle beaucoup plus ? Je ne le crois pas : quoique la continence offre ici des variétés qui dépendent du plus ou moins de sperme amassé dans les vésicules séminales. Comme elle se fait dans l'expiration, il falloit qu'elle fût courte : des plaisirs trop longs eussent été notre tombeau. Faute d'air ou d'inspiration, chaque animal n'eût donné la vie qu'aux dépens de la sienne propre, & fût véritablement mort de plaisir.

Mêmes ovaires, mêmes œufs & même faculté fécondante. La plus petite goutte de sperme, contenant un grand nombre de vermisseaux, peut, comme on l'a vu, porter la vie dans un grand nombre d'œufs.

Même ſtérilité encore, même impuiſſance des deux côtés ; s'il y a peu de grains qui frappent le but, & ſoient vraiment féconds, peu d'animalcules percent l'œuf féminin. Mais dès qu'une fois il s'y eſt implanté, il y eſt nourri, comme le globule de poudre, & l'un & l'autre forment avec le temps l'être de ſon eſpece, un homme & une plante.

Les œufs, ou les graines de la plante, mal-à-propos appellés *germes*, ne deviennent jamais fœtus, s'ils ne ſont fecondés par la pouſſiere dont il s'agit; de même une femme ne fait point d'enfans, à moins que l'homme ne lui lance, pour ainſi dire, l'abrégé de lui-même au fond des entrailles.

Faut-il que cette pouſſiere ait acquis un certain degré de maturité pour être féconde ? La ſemence de l'homme n'eſt pas plus propre à la génération dans le jeune âge, peut-être parce que notre petit ver ſeroit encore alors dans un état de nymphe, comme le traducteur de Needham l'a conjecturé. La même choſe arrive, lorſqu'on eſt extrêmement épuiſé, ſans doute parce que les animalcules mal nourris meurent, ou du moins ſont trop foibles. On ſeme en vain de telles graines, ſoit animales, ſoit végétales; elles ſont ſtériles & ne produiſent rien. La ſageſſe eſt la mere de la fécondité.

L'amnios, le chorion, le cordon ombilical, la matrice, &c. ſe trouvent dans les deux regnes. Le fœtus humain ſort-il enfin par ſes propres efforts de ſa priſon maternelle ? Celui des plantes, ou, pour le dire néologiquement, la plante *embrionnée*, tombe au moindre mouvement, dès qu'elle eſt mûre : c'eſt l'accouchement végétal.

Si l'homme n'eſt pas une production végétale, comme l'*arbre de Diane*, & autres, c'eſt du moins un inſecte qui pouſſe ſes racines dans la matrice, comme le germe fécondé des plantes dans la leur. Il n'y auroit cependant rien de ſurprenant dans cette idée, puiſque Needham obſerve que les polypes, les bernacles & autres animaux ſe multiplient par végétation. Ne taille-t-on pas encore, pour ainſi dire, un homme comme un arbre? Un auteur univerſellement ſavant l'a dit avant moi. Cette forêt de beaux hommes qui couvre la Pruſſe, eſt due aux ſoins & aux recherches du feu roi. La générosité réuſſit encore mieux ſur l'eſprit; elle en eſt l'aiguillon, elle ſeule peut le tailler, pour ainſi dire, en arbres des jardins de Marli, & qui plus eſt, en arbres qui, de ſtériles qu'ils euſſent été, porteront les plus beaux fruits. Eſt-il donc ſurprenant que les beaux arts prennent aujourd'hui la Pruſſe pour leur pays natal? Et l'eſprit n'avoit-il pas droit de s'attendre aux avantages les plus flatteurs, de la part d'un prince qui en a tant ?

Il y a encore parmi les plantes des noirs, des mulâtres, des taches où l'imagination n'a point de part, si ce n'est peut-être dans celle de Mr. Colonne. Il y a des panaches singuliers, des monstres, des loupes, des goëtres, des queues de singes & d'oiseaux ; & enfin, ce qui forme la plus grande & la plus merveilleuse analogie, c'est que les fœtus des plantes se nourrissent, comme Mr. Monroo l'a prouvé, suivant un mêlange du mécanisme des ovipares & des vivipares. C'en est assez sur l'analogie des deux regnes.

CHAPITRE SECOND.

Je passe à la seconde partie de cet ouvrage, ou à la différence des deux regnes.

La plante est enracinée dans la terre qui la nourrit, elle n'a aucuns besoins, elle se féconde elle-même, elle n'a point la faculté de se mouvoir; enfin on l'a regardée comme un animal immobile, qui cependant manque d'intelligence, & même de sentiment.

Quoique l'animal soit une plante mobile, on peut le considérer comme un être d'une espece bien différente : car non-seulement il a la puissance de se mouvoir, & le mouvement lui coûte si peu, qu'il influe sur la *sainceté* des organes dont il dépend; mais il sent, il pense, il peut satisfaire cette foule de besoins dont il est assiégé.

Les raisons de ces variétés se trouvent dans ces variétés même, avec les loix que je vais dire.

Plus un corps organisé a de besoins, plus la nature lui a donné de moyens pour les satisfaire. Ces moyens sont les divers degrés de cette sagacité, connue sous le nom d'instinct dans les animaux, & d'ame dans l'homme.

Moins un corps organisé a de nécessités, moins il est difficile à nourrir & à élever, plus son partage d'intelligence est mince.

Les êtres ſans beſoins, ſont auſſi ſans eſprit : derniere loi qui s'enſuit des deux autres.

L'enfant collé au teton de ſa nourrice qu'il tete ſans-ceſſe, donne une juſte idée de la plante. Nourriſſon de la terre, elle n'en quitte le ſein qu'à la mort. Tant que la vie dure, la plante eſt identifiée avec la terre ; leurs viſceres ſe confondent, & ne ſe ſéparent que par force. Delà point d'embarras, point d'inquiétude pour avoir de quoi vivre ; par conſéquent point de beſoins de ce côté.

Les plantes font encore l'amour ſans peine ; car ou elles portent en ſoi le double inſtrument de la génération, & ſont les ſeuls hermaphrodites qui puiſſent s'engroſſer eux-mêmes ; ou ſi dans chaque fleur les ſexes ſont ſéparés, il ſuffit que les fleurs ne ſoient pas trop éloignées les unes des autres, pour qu'elles puiſſent ſe mêler enſemble. Quelquefois même le congrès ſe fait, quoique de loin, & même de fort loin. Le palmier de Pontanus n'eſt pas le ſeul exemple d'arbres fécondés à une grande diſtance. On ſait depuis long-temps que ce ſont les vents, ces meſſagers de l'amour végétal, qui portent aux plantes femelles le ſperme des mâles. Ce n'eſt point en plein vent que les nôtres courent ordinairement de pareils riſques.

La terre n'eſt pas ſeulement la nourrice des

plantes, elle en eſt en quelque ſorte l'ouvriere; non contente de les allaiter, elle les habille. Des mêmes ſucs qui les nourriſſent, elle fait filer des habits qui les enveloppent. C'eſt le *corolle*, dont j'ai parlé, & qui eſt orné des plus belles couleurs. L'homme, & ſur-tout la femme, ont le leur en habits, & en divers ornemens, durant le jour; car la nuit ce ſont des fleurs preſque ſans enveloppe.

Quelle différence des plantes de notre eſpece, à celles qui couvrent la ſurface de la terre! Rivales des aſtres, elles forment le brillant émail des prairies: mais elles n'ont ni peines, ni plaiſirs. Que tout eſt bien compoſé! Elles meurent comme elles vivent, ſans le ſentir. Il n'étoit pas juſte que qui vit ſans plaiſir, mourût avec peine.

Non-ſeulement les plantes n'ont point d'ame, mais cette ſubſtance leur étoit inutile. N'ayant aucune des néceſſités de la vie animale, aucune ſorte d'inquiétude, nuls ſoins, nuls pas à faire, nuls deſirs, toute ombre d'intelligence leur eût été auſſi ſuperflue, que la lumiere à un aveugle. Au défaut de preuves philoſophiques, cette raiſon jointe à nos ſens, dépoſe donc contre l'ame des végétaux.

L'inſtinct a été encore plus légitimement refuſé à tous les corps fixement attachés aux rochers, aux

aux vaisseaux, ou qui se forment dans les entrailles de la terre.

Peut-être la formation des minéraux se fait-elle suivant les loix de l'attraction ; en sorte que le fer n'attire jamais l'or, ni l'or le fer, que toutes les parties hétérogenes se repoussent, & que les seules homogenes s'unissent, ou font un corps entr'elles. Mais sans rien décider dans une obscurité commune à toutes les générations, parce que j'ignore comment se fabriquent les fossiles, faudra-t-il invoquer, ou plutôt supposer une ame, pour expliquer la formation de ces corps ? Il seroit beau, (sur-tout après en avoir dépouillé des êtres organisés, où se trouvent autant de vaisseaux que dans l'homme) il seroit donc beau, dis-je, d'en vouloir revêtir des corps d'une structure simple, grossiere & compacte !

Imaginations, chimeres antiques, que toutes ces ames prodiguées à tous les regnes ! Et sottises aux modernes qui ont essayé de les rallumer d'un souffle subtil ! Laissons leurs noms & leurs mânes en paix ; le Galien des Allemands, Sennert, seroit trop maltraité.

Je regarde tout ce qu'ils ont dit comme des jeux philosophiques & des bagatelles qui n'ont de mérite que la difficulté, *difficiles nugæ*. Faut-il avoir recours à une ame pour expliquer la croissance des plantes, infiniment plus prompte que celle des pierres ? Et dans la végétation de tous les corps, depuis le mou jusqu'au plus dur, tout ne dépend-il pas des sucs nourriciers plus ou moins terrestres, & appliqués avec divers degrés de force à des masses plus ou moins dures ? Par-là en effet je vois qu'un rocher doit moins croître en cent ans, qu'une plante en huit jours.

Au reste, il faut pardonner aux anciens leurs ames générales & particulieres. Ils n'étoient point versés dans la structure & l'organisation des corps, faute de physique expérimentale & d'anatomie. Tout devoit être aussi incompréhensible pour eux, que pour ces enfans, ou ces sauvages, qui voyant pour la premiere fois une montre, dont ils ne connoissent pas les ressorts, la croient animée, ou douée d'une ame comme eux, tandis qu'il suffit de jeter les yeux sur l'artifice de cette machine, artifice simple, qui suppose véritablement, non une ame qui lui appartienne en propre, mais celle d'un ouvrier intelligent, sans lequel jamais le hasard n'eût marqué les heures & le cours du soleil.

Nous beaucoup plus éclairés par la physique, qui nous montre qu'il n'y a point d'autre ame du monde que dieu & le mouvement; d'autre ame des plantes, que la chaleur; plus éclairés par l'anatomie, dont le scapel s'est aussi heureusement exercé sur elles, que sur nous & les animaux;

enfin plus instruits par les observations microscopiques qui nous ont découvert la génération des plantes, nos yeux ne peuvent s'ouvrir au grand jour de tant de découvertes, sans voir, malgré la grande analogie exposée ci-devant, que l'homme & la plante different peut-être encore plus entr'eux, qu'ils ne se ressemblent. En effet, l'homme est celui de tous les etres connus jusqu'à présent, qui a le plus d'ame, comme il étoit nécessaire que cela fût; & la plante celui de tous aussi, si ce n'est les minéraux, qui en a & en devoit avoir le moins. La belle ame après tout, qui ne s'occupant d'aucuns objets, d'aucuns desirs, sans passions, sans vices, sans vertus, sur-tout sans besoins, ne seroit pas même chargée du soin de pourvoir à la nourriture de son corps.

Après les végétaux & les minéraux, corps sans ame, viennent les êtres qui commencent à s'animer, tels sont le polype, & toutes les plantes animales inconnues jusqu'à ce jour, & que d'autres heureux Trembleys decouvriront avec le temps.

Plus les corps dont je parle tiendront de la nature végetale, moins ils auront d'instinct, moins leurs opérations supposeront de discernement.

Plus ils participeront de l'animalite, ou feront des fonctions semblables aux nôtres, plus ils seront généreusement pourvus de ce don précieux. Ces êtres mitoyens ou mixtes, que j'appelle ainsi, parce qu'ils sont enfans des deux regnes, auront en un mot d'autant plus d'intelligence, qu'ils seront obligés de se donner de plus grands mouvemens pour trouver leur subsistance.

Le dernier, ou le plus vil des animaux, succede ici à la plus spirituelle des plantes animales; j'entends celui qui de tous les véritables êtres de cette espece, se donne le moins de mouvement, ou de peine, pour trouver ses alimens & sa femelle; mais toujours un peu plus que la première plante animale. Cet animal aura plus d'instinct qu'elle, quand ce surplus de mouvement ne seroit que de l'épaisseur d'un cheveu. Il en est de même de tous les autres, à proportion des inquiétudes qui les tourmentent: car sans cette intelligence relative aux besoins, celui-ci ne pourroit alonger le cou, celui-là ramper, l'autre baisser ou lever la tête, voler, nager, marcher, & cela visiblement exprès pour trouver sa nourriture. Ainsi, faute d'aptitude à réparer les pertes que font sans-cesse les bêtes qui transpirent le moins, chaque individu ne pourroit continuer de vivre: il périroit à mesure qu'il seroit produit, & par conséquent les corps le seroient vainement, si dieu ne leur eût donné à tous, pour ainsi dire, cette portion de lui-même, que Virgile exalte si magnifiquement dans les abeilles.

CHAPITRE TROISIEME.

RIEN de plus charmant que cette contemplation, elle a pour objet cette échelle imperceptiblement graduée, qu'on voit la nature exactement passer par tous ses degrés, sans jamais sauter en quelque sorte un seul échelon dans toutes ses productions diverses. Quel tableau nous offre le spectacle de l'univers ! Tout y est parfaitement assorti, rien n'y tranche; si l'on passe du blanc au noir, c'est par une infinité de nuances, ou de degrés, qui rendent ce passage infiniment agréable.

L'homme & la plante forment le blanc & le noir; les quadrupedes, les oiseaux, les poissons, les insectes, les amphibies, nous montrent les couleurs intermédiaires qui adoucissent ce frappant contraste. Sans ces couleurs, sans les opérations animales, toutes différentes entr'elles, que je veux désigner sous ce nom; l'homme, ce superbe animal, fait de boue comme les autres, eût cru être un dieu sur la terre, & n'eût adoré que lui.

Il n'y a point d'animal si chétif & si vil en apparence, dont la vue ne diminue l'amour-propre d'un philosophe. Si le hasard nous a placés au haut de l'échelle, songeons qu'un rien de plus ou de moins dans le cerveau, où est l'ame de tous les hommes, (excepté des Leibnitiens) peut sur le champ nous précipiter au bas, & ne méprisons point des êtres qui ont la même origine que nous. Ils ne sont à la vérité qu'au second rang, mais ils y sont plus stables & plus fermes.

Descendons de l'homme le plus spirituel, au plus vil des végétaux, & même des fossiles : remontons du dernier de ces corps au premier des génies, embrassant ainsi tout le cercle des regnes, nous admirerons par-tout cette uniforme variété de la nature. L'esprit finit-il ici ? Là on le voit prêt à s'éteindre, c'est un feu qui manque d'alimens : ailleurs il se rallume, il brille chez nous, il est le guide des animaux.

Il y auroit à placer ici un curieux morceau d'histoire naturelle, pour démontrer que l'intelligence a été donnée à tous les animaux en raison de leurs besoins : mais à quoi bon tant d'exemples & de faits ? Ils nous surchargeroient sans augmenter nos lumieres, & ces faits d'ailleurs se trouvent dans les livres de ces observateurs infatigables, que j'ose appeler le plus souvent les manœuvres des philosophes.

S'amuse qui voudra à nous ennuyer de toutes les merveilles de la nature : que l'un passe sa vie à observer les insectes ; l'autre à compter les petits osselets de la membrane de l'ouïe de certains poissons; à mesurer même, si l'on veut, à quelle distance peut sauter une puce, pour passer sous silence tant d'autres misérables objets; pour moi qui ne suis curieux que de philosophie, qui ne suis fâché que de ne pouvoir en étendre les bornes, la nature active sera toujours mon seul point de vue. J'aime à la voir au loin, en grand comme en général, & non en particulier, ou en petits détails, qui quoique nécessaires jusqu'à un certain point dans toutes les sciences, communément sont la marque du peu de génie de ceux qui s'y livrent. C'est par cette seule maniere d'envisager les choses, qu'on peut s'assurer que l'homme non-seulement n'est point entierement une plante, mais n'est pas même un animal comme un autre. Faut-il en répéter la raison? C'est qu'ayant infiniment plus de besoins, il falloit qu'il eût infiniment plus d'esprit.

Qui eût cru qu'une si triste cause eût produit de si grands effets? Qui eût cru qu'un aussi fâcheux assujettissement à toutes ces importunes nécessités de la vie, qui nous rappellent à chaque instant la misere de notre origine & de notre condition, qui eût cru, dis-je, qu'un tel principe eût été la source de notre bonheur, & de notre dignité; disons plus, de la volupté même de l'esprit, si supérieure à celle du corps? Certainement si nos besoins, comme on n'en peut douter, sont une suite nécessaire de la structure de nos organes, il n'est pas moins évident que notre ame dépend immédiatement de nos besoins, qu'elle est si alerte à satisfaire & à prévenir, que rien ne va devant eux. Il faut que la volonté même leur obéisse. On peut donc dire que notre ame prend de la force & de la sagacité, à proportion de leur multitude; semblable à un général d'armée qui se montre d'autant plus habile & d'autant plus vaillant, qu'il a plus d'ennemis à combattre.

Je sais que le singe ressemble à l'homme par bien d'autres choses que les dents : l'anatomie comparée en fait foi : quoiqu'elles aient suffi à Linnæus pour mettre l'homme au rang des quadrupedes (à la tête à la vérité). Mais quelle que soit la docilité de cet animal, le plus spirituel d'entr'eux, l'homme montre beaucoup plus de facilité à s'instruire. On a raison de vanter l'excellence des opérations des animaux, elles méritoient d'être rapprochées de celles de l'homme : Descartes leur avoit fait tort, & il avoit ses raisons pour cela; mais quoiqu'on en dise, & quelques prodiges qu'on en raconte, ils ne portent point d'atteinte à la prééminence de notre ame; elle est bien certainement de la même pâte & de la même fabrique; mais non, ni à beaucoup près, de la même qualité. C'est par cette qualité si supérieure de l'ame humaine, par ce surplus de lumieres, qui résulte visiblement de l'organisation, que l'homme est le roi des animaux, qu'il est le seul propre à la société, dont ſon induſtrie a inventé les langues, & ſa ſageſſe les loix & les mœurs.

Il me reſte à prévenir une objection qu'on pourroit me faire. Si votre principe, me dira-t-on, étoit généralement vrai, ſi les beſoins des corps étoient la meſure de leur eſprit, pourquoi juſqu'à un certain âge, où l'homme a plus de beſoins que jamais, parce qu'il croît d'autant plus, qu'il eſt plus près de ſon origine, pourquoi a-t-il alors ſi peu d'inſtinct, que ſans mille ſoins continuels, il périroit infailliblement, tandis que les animaux à peine éclos, montrent tant de ſagacité, eux qui, dans l'hypotheſe, & même dans la variété, ont ſi peu de beſoins.

On fera peu de cas de cet argument, ſi l'on conſidere que les animaux venant au monde ont déjà paſſé dans la matrice un long temps de leur courte vie, & de là vient qu'ils ſont ſi formés, qu'un agneau d'un jour, par exemple, court dans les prairies, & broute l'herbe, comme pere & mere.

L'état de l'homme fœtus eſt proportionnellement moins long; il ne paſſe dans la matrice qu'un vingt-cinquieme poſſible de ſa longue vie; or n'étant pas aſſez formé, il ne peut penſer, il faut que les organes aient eu le temps de ſe durcir, d'acquérir cette force qui doit produire la lumiere de l'inſtinct, par la même raison qu'il ne sort point d'étincelle d'un caillou, s'il n'est dur. L'homme né de parens plus nus ; plus nu, plus délicat lui-même que l'animal, il ne peut avoir si vîte son intelligence ; tardive dans l'un, il est juste qu'elle soit précoce dans l'autre ; il n'y perd rien pour attendre ; la nature l'en dédommage avec usure, en lui donnant des organes plus mobiles & plus déliés.

Pour former un discernement, tel que le nôtre, il falloit donc plus de temps que la nature n'en emploie à la fabrique de celui des animaux ; il falloit passer par l'enfance, pour arriver à la raison ; il falloit avoir les désagrémens & les peines de l'animalité, pour en retirer les avantages qui caractérisent l'homme.

L'instinct des bêtes donné à l'homme naissant n'eût point suffi à toutes les infirmités qui assiégent son berceau. Toutes leurs ruses succomberoient ici. Donnez réciproquement à l'enfant le seul instinct des animaux qui en ont le plus, il ne pourra seulement pas lier son cordon ombilical, encore moins chercher le teton de sa nourrice. Donnez aux animaux nos premieres incommodités, ils y périront tous.

J'ai envisagé l'ame, comme faisant partie de l'histoire naturelle des corps animés, mais je n'ai garde de donner la différence graduée de l'une à l'autre, pour aussi nouvelle que les raisons de cette gradation. Car combien de philosophes & de théologiens même, ont donné une ame aux animaux ? de sorte que l'ame de l'homme, selon un de ces derniers, est à l'ame des bêtes, ce que celle des anges est à celle de l'homme, & apparemment toujours en remontant, celle de dieu à celle des anges.

FIN.

LES ANIMAUX PLUS QUE MACHINES.

Les bêtes ne sont pas si bêtes que l'on pense.

MOLIERE.

LES ANIMAUX PLUS QUE MACHINES.

AVANT Descartes, aucun philosophe n'avoit regardé les animaux comme des machines. Depuis cet homme célebre, un seul moderne des plus hardis s'est avisé de réveiller une opinion, qui sembloit condamnée à un oubli, & même à un mépris perpétuel, non pour venger son compatriote, mais portant la témérité au plus haut point, pour appliquer à l'homme sans nul détour ce qui avoit été dit des animaux, pour le dégrader, l'abaisser à ce qu'il y a de plus vil, & confondre ainsi le maître & le roi avec ses sujets.

Il est bon d'humilier de temps en temps la fierté & l'orgueil de l'homme ; mais il ne faut pas que ce soit au préjudice de la vérité.

Ceux qui veulent que les animaux n'aient point d'ame, de peur que l'homme ne puisse se dispenser de se mettre dans leur classe, & de n'être que le premier entre égaux, ont beau entasser forces sur forces, augumens sur argumens, les traits que lancent ces téméraires retombent sur eux, & n'atteignent point cette sublime substance.

Je sais que la figure des animaux n'est pas tout-à-fait humaine; mais ne faut-il pas être borné, bien peuple, bien peu philosophe, pour déférer ainsi aux apparences, & ne juger de l'arbre que sur son écorce? Que fait la forme plus ou moins belle, où se trouvent les même traits sensiblement gravés de la même main? L'anatomie comparée nous offre les mêmes parties, les mêmes fonctions; c'est partout le même jeu, le même spectacle. Les sens internes ne manquent pas plus aux animaux, que les externes: par conséquent, ils sont doués comme nous de toutes les facultés spirituelles qui en dépendent, je veux dire de la perception, de la mémoire, de l'imagination, du jugement, du raisonnement; toutes choses que Boerhaave a prouvé appartenir à ces sens. D'où il s'ensuit que nous savons par théorie, comme par la pratique de leurs opérations, que les animaux ont une ame produite par les mêmes combinaisons que la nôtre: & cependant, comme on le verra dans la suite, tout-à-fait distincte de la matière. Rien de plus vrai que ce paradoxe.

Laissons-là des considérations triviales. Les rêves des animaux, à haute & à basse voix, comme les nôtres; leur réveil en sursaut, leur mémoire, qui les sert si bien; ces craintes, ces inquiétudes, leur air embarrassé en tant d'occasions; leur joie, à la vue

vue d'un maître & d'un mets chéri; leur choix des moyens les plus propres à se tirer d'affaire ; tant de signes si frappans ne suffiroient-ils pas pour prouver que notre vanité, en leur assignant l'instinct, pour nous décorer de cet être bizarre, inconstant & volage, nommé la raison, nous a plus distingués de nom, que d'effet? Mais, dit-on, la parole manque aux animaux ? admirable objection! dites aussi qu'ils marchent à quatre pattes, & ne voient le ciel, que couchés sur le dos ; reprochez enfin à l'auteur de la nature l'innocent plaisir qu'il a pris à varier ses ouvrages.

Qui prive les animaux du don de la parole ? *Un rien* peut-être; ce *rien* de Fontenelle, qui le distingue autant lui-même de presque tous les autres hommes, que ceux-ci le sont des brutes. Peut-être encore que ce foible obstacle sera un jour levé ; la chose n'est pas impossible, selon l'auteur de *l'homme machine*. Le séduisant exemple que celui de son grand singe! & les beaux projets qui lui ont passé par la tête!

Si les hommes parlent, ils doivent songer qu'ils n'ont pas toujours parlé. Tant qu'ils n'ont été qu'à l'école de la nature, des sons inarticulés, tels que ceux des animaux, ont été leur premier langage. Antérieur à l'art & à la parole, c'est celui de la machine, il n'appartient qu'à elle. Par combien d'ailleurs de gestes & de signes, le langage le plus muet peut-il se faire entendre! quelle expression naïve & ingénue! quelle énergie dont tout le monde est frappé, que tout le monde comprend, mises en regard de sons arbitraires, qui battent l'air, & n'expriment rien pour l'étranger qui les entend! quoi faut-il donc parler pour paroître sentir & réfléchir? Parle assez, qui montre du sentiment. Premiere preuve de l'ame des animaux. La parfaite analogie qui est entr'eux & nous, fournit la seconde, & la démontre; c'est la conscience intime qu'ils ont, comme nous, de leurs propres sensations.

Si on pouvoit être auteur, sans faire, comme le pieux Rollin, un étalage de ce qu'on sait, & de ce qu'on ne sait pas, en faudroit-il davantage pour être en droit de conclure qu'il y a autant d'injustice à refuser une ame aux animaux, qu'il y en auroit à eux, à ne pas reconnoître la nôtre, avec toute sa supériorité?

Poursuivons donc, puisqu'il est écrit qu'il y aura toujours des auteurs, c'est-à-dire, des gens dont la profession est de s'amuser à retourner le nez de cire, & comme l'habit des sciences, pour faire de la même matiere sans cesse remaniée & remâchée, un livre d'une forme, non-seulement présentable aux lecteurs, mais aux libraires, qui comme (1) le

(1) Temple du Goût.

monseigneur de Voltaire, mesurent communément l'ouvrage à la toise.

Rassurez-vous cependant, je ne ferai point un volume pour prouver ma these. Je me contenterai de faire voir que c'est l'ame & non le corps, qui voit, entend, veut, sent; & qu'enfin tout ce que certains attribuent au mécanisme des corps animés, dans leur systeme Epicuro-Cartésien retourné & mal cousu, ne dépend absolument que de l'ame, & que tout s'opere par la puissance de cet être immortel.

Telle est la carriere que j'ai à parcourir; je n'y ai encore jeté que le premier coup-d'œil. Commençons par prouver que c'est l'ame qui voit, & comment.

Vous croyez sans doute avec tous les physiciens & métaphysiciens, que l'ame ne pourroit voir sans la propagation de l'image tracée sur la rétine, ou du moins sans quelque impression de cette image qui produise une sensation dans le cerveau. Vous êtes dans l'erreur. Cela pouvoit bien être autrefois; mais depuis le grand théoricien Tralles, on peut dire de la vue, ce que Moliere fait dire du foie à un de ses personnages: « les choses ont bien changé ».

Pour que l'ame voie, il n'est pas nécessaire que les images passent jusqu'au cerveau, il suffit que les objets s'y représentent, ou plutôt y soient apperçus:

il suffit que le dessein reste tracé sur cette tunique, jusqu'à ce qu'il soit effacé par un nouveau coloris. Tant que les peintures sont sur cette membrane, l'ame les voit sans autre intercession; lorsqu'elles n'y sont plus, elle s'en souvient. Voilà tout le mystere.

Remarquez, s'il vous plaît, que pour bien juger des objets, il ne faut en être, ni trop loin, ni trop près. Voulez-vous que les mêmes images peintes sur la rétine, le soient aussi dans le cerveau? Vous risquez d'éblouir l'ame par la force de la réverbération. Plus sensible qu'aucun thermometre, elle monteroit, s'agiteroit, et sortiroit de cette assiette tranquille qui fait son sang-froid. Il n'y auroit plus de philosophes : tous les hommes seroient enthousiastes, espece d'épileptiques faciles à connoître à l'écume qui leur vient à la bouche, à la moindre opinion hardie; toujours sûre de leur déplaire, dès qu'elle les contredit & blesse leur amour-propre.

Comme l'œil ne se voit point dans un miroir trop proche de lui, l'ame ne pourroit voir des images qui le toucheroient. C'est pourquoi le prudent médecin de Breslau a jugé à propos de reculer le foyer de la vision. C'est bien fait, grand docteur! L'ame est si distincte du corps, qu'on peut bien l'isoler & la détacher des pieces nécessaires à l'ouvrage de sa mission; outre qu'il est dangereux qu'un corps puiſſe immédiatement l'affecter, de crainte qu'elle ne fît partie réelle du viſcere dont elle n'eſt que partie idéale ou métaphyſique.

Cela poſé, l'ame, ſemblable à un chaſſeur à l'affût, du haut de ſon obſervatoire, n'attend que le débrouillement des humeurs de l'œil, pour appercevoir & ſaiſir tout ce qui paſſe devant ſa fenêtre. Elle a une lunette toute prête & dreſſée exprès, c'eſt le nerf optique. La fenêtre, ou plutôt la guérite, eſt à peine ouverte, que la longue vue a déja ſervi; & pourvu ſeulement que l'inſtrument ſoit bien conditionné, que le verre ne ſoit ni humide, ni opaque, l'ame pourra clairement voir tous les objets qui s'offriront à ſes regards, ſans que cet énorme paquet de moëlle, où ſont enſevelies nos ames toutes vivantes, puiſſe l'en empêcher.

Si les figures pouvoient paſſer au cerveau par les yeux, elles y paſſeroient auſſi par la porte du goût. Il y a ſi peu de différence, ou plutôt une ſi parfaite reſſemblance entre les corps *ſapides*, & viſibles, que nous ne ſerions point obligés de recourir à la chymie, pour connoître la forme des molécules, qui agiſſent ſur les papilles nerveuſes de la langue & du palais. Une réflexion auſſi ſenſée enleve les ſuffrages, & m'a paru ſans réplique. Courage, courage, docteur; vous ouvrez-là une brillante carriere.

Portraits de la nature, recevez donc les mêmes

ordres que les flots de la mer : vos limites sont marquées ; vous pénétrerez jusqu'à la rétine ; mais vous y resterez, y voltigeant sans cesse tour-à-tour, sans jamais aller plus loin ! Un Hercule moderne a fierement planté au fond de l'œil les colonnes inébranlables de son systême, & ces colonnes sont votre *non plus ultrà.*

Mais le moyen de ne pas admirer Tralles, surtout lorsqu'enchanté à juste titre des surprenantes merveilles dont le globe de l'œil contient un monde, il ne peut se refuser à son aspect à une sorte d'enthousiasme ! Disons avec lui : « oui, sans doute, » ce bel organe contient quelque chose de plus » de tout ce qu'on nomme corps & matiere, quelque » chose de surnaturel & de divin ». On n'ose pas en faire le siege de l'ame, cela seroit trop nouveau; mais peut-être n'aura-t-elle pas dédaigné de mettre la derniere main à ce merveilleux ouvrage. Il se peut du moins que, comme une salamandre qui se métamorphoseroit en sylphe, elle ait volontiers quitté le feu du cerveau, pour venir de temps en temps prendre le frais dans l'air de l'œil, où si elle n'a pas tout purifié, comme un autre Socrate, elle a du moins en sortant laissé des traces éternelles de la divinité dont elle fait portion. *Et vera incessu patuit deo.*

L'ouïe répond à la vision, & se fait de même. Le nerf acoustique, ou auditif, ayant pénétré dans l'oreille, s'y dilate en une étoile ou membrane également fine, ſuivant en cela cette conſtante uniformité que la nature montre par-tout. Cette toile qui revêt & tapiſſe les canaux demi-circulaires, eſt le ſiege de l'ouïe, ainſi que la rétine eſt celui de la vue. Tel eſt le centre où vont aboutir tous les rayons ſonores. L'air mis en mouvement par quelque cauſe que ce ſoit, communique un léger frémiſſement au tympan; celui-ci aux petits oſſelets de l'ouïe, qui mettent en branle l'air interne, lequel enfin frappe l'expanſion infiniment molle & délicate dont j'ai parlé. Cette tunique a à peine foiblement tremblé, que l'ame a déjà entendu. C'eſt elle qui voit, qui entend dans l'oiſeau comme dans le géometre & le métaphyſicien. Il n'y a que les poiſſons, qui ne ſoient pas ſoumis au même mécaniſme : ils entendent fort bien ſans ſecours d'un organe pareil à celui des autres animaux. L'eau ébranlée par le ſon, porte par la communication du mouvement qui ſe propage d'ondes en ondes, porte, dis-je, la même ſenſation à leur *ſenſorium commune*, peut-être par le ſeul toucher. Comme les ſourds ont leurs oreilles en quelque ſorte dans leurs yeux, qui en ſemblent meilleurs, & les aveugles, leurs yeux dans leur tact, qui n'eſt cependant pas toujours auſſi exquis chez les uns, que chez les autres; (car quelle différence que celui de Saunderſon, au toucher de nos quinze-vingts!) la nature n'a pas voulu ſans doute priver les poiſſons de ce même dédommagement de l'organe de l'ouïe, quoique ce qui le remplace, ce qui préciſément conſtitue leur ouïe, ne ſoit pas connu.

Le ſpectacle & la conſidération des corps animés nous offrent à chaque pas tant de prodiges, que la ſeule fabrique de l'ame pouvoit les expliquer.

I. Une auſſi petite maſſe que celle du cerveau, fût-elle conçue étendue en une ſurface cent fois plus mince que la plus légere feuille d'or, ne peut être, ſelon Tralles, le rendez-vous de cette multitude innombrable d'images & de ſons, que l'on veut y être propagée & miſe en dépôt. C'eſt une galerie qui ne peut contenir tant de tableaux.

II. Quel ſeroit le langage des animaux, muets ou non, s'exprimant par des paroles, ou par des geſtes! Quelle confuſion! Quand je penſe au ſeul catalogue des connoiſſances d'un homme, tel que Boerhaave, & au nombre des pages qu'il occupe dans Tralles, qui a pris la peine de le faire, j'aime à conclure avec lui que, comme tant de peintures ne peuvent former qu'un chaos ou un *amphigouri* d'images dans les meilleures têtes, tant de ſons entrés dans le cerveau, n'en peuvent ſortir que pele-mêle, avec la confuſion des langues de la tour de Babel, & comme en une eſpece de déroute.

Si l'ame n'eût eu la puiſſance de voir & d'entendre

au loin par elle-même, pour se rappeler ensuite les sons & les images au premier acte de sa volonté : si elle n'eût pris sur elle de juger des corps indépendamment des sens soumis à leur action, & sans aucun rapport de ces vils *commis* ; plus de clarté, plus de triage, plus de distinction d'idées : impossibilité de donner à l'une la préférence sur l'autre. Comment les contempler, les séparer, les rapprocher, les combiner ? Où sont, s'écrie merveilleusement notre docte commentateur, où sont les tiroirs & la commode assez vaste, pour mettre l'idée ou la représentation de chaque chose en un tel ordre, si bien en son lieu & sa vraie place, qu'elle soit facile à trouver ? Le cerveau, magasin, arsenal ou répertoire de toutes nos idées ! eh ! fi ; fi donc encore une fois ! Il ne manque plus que de définir ainsi la mémoire, pour donner dans tous les travers du matérialisme. Mais je veux que l'impression des objets externes passe jusqu'au cerveau, qu'on me dise donc quelle place un son, quelle place une image occupe dans ce viscere ; comment une simple machine peut s'accoutumer à distinguer les voix entr'elles, celles des animaux, de l'homme, de la femme, (& par elles, leurs differens âges,) & de cet amphibie sans barbe qui n'est ni homme ni femme, qui n'a de sexe qne l'ombre du sien, & de talens que celui de chanter. Que tous nos savans *machinistes* nous disent par quelle mécanique je ne ſais quel reſſort ſentant qu'on met dans la ſubſtance, qui elle-même le compoſe, ſe ſouvient d'une voix qu'on n'a entendue qu'une ſeule fois, il y a vingt ans! Enfin qu'on réponde à S. Auguſtin, (j'ai droit de l'exiger) lorſqu'il objecte avec Tralles & autres, plus ſolidement peut-être que ceux qui ont lu Locke & Condillac ne ſe l'imaginent: « Par quel ſens des idées toutes ſpirituelles, celle » de la penſée, par exemple, & celle de l'être, » feroient-elles entrées dans l'entendement? Sont- » elles lumineuſes ou colorées, pour être entrées » par la vue? D'un ſon grave ou aigu, pour être » entrées par l'ouïe? D'une bonne ou mauvaiſe » odeur, pour être entrées par l'odorat? D'un » bon ou d'un mauvais goût, pour être entrées » par le goût? Froides ou chaudes, pour être » entrées par l'attouchement? Que ſi on ne peut » rien répondre qui ne ſoit déraiſonnable, il » faut avouer que toutes nos idées ſpirituelles » ne tirent en aucune ſorte leur origine des ſens; » mais que notre ame a la faculté de les former » de ſoi-même ».

Demandons moins: qu'on nous diſe ſeulement quelle eſt la couleur ou l'image d'un ſon? quelle eſt cette peinture, qui de la rétine, ſe propage au cerveau; quelle eſt enfin cette trace des eſprits animaux, par laquelle tout s'explique ſi commodément? Et ſi on ne peut ſatisfaire une juſte curiosité, nous serons en droit d'admettre un être dans le corps, distinct essentiellement du corps ; être qui du moins donne des raisons *spirituelles* de tous les phénomenes du regne pensant.

Chimeres donc à jamais répudiées, à jamais reléguées chez les philosophes non chrétiens, toutes ces traces, ces vestiges, ces impressions des corps dans le cerveau ! Car comme tout ce que j'ai dit des sens nobles s'applique très-bien aux *roturiers*, parmi lesquels rien de si ignoble, rien de si bourgeois, ce me semble, que le tact ; il s'ensuit que l'odorat, à plus forte raison, n'aura pas plus de privilege que l'ouïe & la vue. Ainsi l'impression des odeurs aura ordre de ne point pénétrer au-delà de ce nerf des narines, tenu frais par la fine membrane de Schneider, qui le couvre, pour le mettre à l'abri des injures de l'air, & l'empêcher de se racornir. En effet, l'ame, qui entend sans oreilles, tandis que le corps n'entend point avec deux, n'a pas besoin de nez, pour sentir de loin ces corpuscules volatifs, qui se font un jeu de la rappeler de la foiblesse à la force, & de la mort à la vie.

Mais où s'arrêtent ces *effluvia* de Boyle? Quel nouveau Tralles marquera leurs limites ? Qui nous dira jusqu'où s'exhale l'évaporation des corps odoriférans? Qui osera décider, si la *quintessence* des anciens, ou *l'esprit recteur* des modernes s'arrête à la premiere, ou a la force de monter jusqu'à *la seconde région* du cerveau, semblable à ces rayons qui s'éteignent en entrant par la cornée, avant que d'avoir passé à *la chambre postérieure de l'œil*; à moins cependant que le plus fin tabac d'Espagne, qui ne peut se faire jour au travers des petits trous de l'os ethmoïde exactement remplis par les filamens du nerf olfactif, ne résolût ce grand problême ?

Que d'embarras ! que d'incertitude par-tout ! Qui fixera encore le point où s'arrête la progression du mouvement imprimé par le toucher ? Qui dira jusqu'où le tact fait monter les esprits animaux dans le thermometre des nerfs ? Se dépouilleroient-ils de leur sensation ? Perdroient-ils la nouvelle modification qu'ils ont reçue, avant que de percer le crâne, comme les arteres vertébrales & carotides quittent une partie de leur tunique musculeuse, ceux-là, pour faire honneur à l'ame, qui du bout du doigt peut juger des corps, comme on le voit dans les aveugles; celles-ci, pour ne pas troubler la raison par une élasticité insupportable, qui nous eût peut-être tous rendus fous ?

Cela accordé au docteur Tralles, c'est sans fondement qu'on s'est imaginé que les sensations se portoient jusqu'au cerveau, où elles ne faisoient que passer, plus vîte que l'éclair, au travers du crible des organes des sens ; & même que le principe sensitif, où l'ame ne recevoit aucune ſenſation, ſi elle ne pénétroit juſqu'au cerveau; qui eſt prouvé, par tant d'expériences & d'obſervations inconteſtables, être le ſiege de cette divine ſubſtance.

Ne diſſimulons cependant rien; il eſt des hypotheſes favorables à la propagation ultérieure des ſens des images, en un mot des ſenſations. Je vais les les expoſer.

Les objets ſont repréſentés au fond de l'œil ſur la rétine; cette membrane eſt l'expanſion du nerf optique; ce nerf part de la moëlle du cerveau; il eſt compoſé de fibres circulairement arrangées, qui forment une cavité imperceptible, dans laquelle coulent des eſprits animaux, auſſi inviſibles que cette cavité. Or on conçoit aiſément, dans ce tube nerveux, auant de petites fibres qu'il y a de points dans l'image de l'objet, de ſorte que chacune étant ébranlée par l'action des rayons qui forment cette image, ſemble pouvoir porter au cerveau, qui doit le rendre à l'ame, un ébranlement toujours diminutivement proportionnel, à meſure qu'il ſe propage, au point coloré ou à l'impreſſion qu'elle a reçue.

Tel eſt le premier ſyſtême, qui n'eſt peut-être *ſolide*, que du nom des parties qu'on met en jeu, pour expliquer ce phénomene.

Voici le ſecond. Ce n'eſt plus l'ondulation des fibres nerveuſes, qui produit les ſenſations dans le cerveau ; c'est le reflux des esprits, comme effarouchés. Globuleux, ils roulent en tous sens avec facilité ; ils peuvent reculer & avancer ; tous à la file, dans une seule fibrille, comme les carrosses du cours dans une allée, (je ne trouve point de comparaison plus sensible) les premiers sont à peine mis en branle, qu'ils rétrogradent, pressent les seconds, ceux-ci les troisiemes ; & ainsi toujours de suite, comme à la mer retirante, dont ils sont la très-subtile image, jusqu'à ce qu'enfin toutes les files ou séries d'esprits parviennent à cette partie du cerveau, que personne n'a jamais vue, si ce n'est feu M. de la Peyronie ; ou qu'on a vue, sans la connoître, & que les médecins nomment *sensorium commune* ; lequel *sensorium* a été placé presque dans les parties du cerveau, mais principalement (depuis qu'il a été détrôné de la glande pinéale) dans le corps calleux, & dans ce point où l'on a faussement conjecturé que se rassembloient tous les nerfs.

A présent sera-ce le choc du liquide, si étonnamment mobile & délié, qui produira la sensation proprement dite ? Sera-ce le retour des esprits refoulés, comme le Jourdain, contre leur origine ? Ou sera-ce le mouvement continué le long de la corde optique solide ?

A dieu ne plaise que nous admettions aucun de ces systêmes ! Nous marchons avec trop de zele ſur les pas du *Pluche* de la faculté de Breſlau. *Quelle idée aurions-nous de notre ame*, ſi les ſenſations qui la déterminent, dépendoient d'un changement proportionnel à ce point preſque mathématique dont j'ai parlé; dépendoient d'une viſion à l'infini de la matiere ſenſitive, laquelle n'eſt elle-même que le mouvement imprimé au nerf, mouvement que certains, à cauſe de ſa ſubtilité, ont cru lui-même immatériel? La belle ſenſation, qui ſeroit produite par un ſeul point coloré, ſonore, &c. dont l'effet ſe partageroit à toute une immenſe ſuite de globules nerveux! La belle ame, qui ne ſentiroit & ne penſeroit, qu'en conſéquence d'une impreſſion qui iroit toujours s'affoibliſſant, pour mourir enfin à ſa derniere retraite! La nature peut bien reconnoître une ſi grande ſimplicité; mais ce qui lui fait honneur, n'en fait point à un être incompréhenſible, qui eſt autant au-deſſus d'elle, que le ciel l'eſt de la terre. *Longo jam proximus intervallo.*

Je ne veux point fermer les yeux ſur tout ce qu'on allegue, ou peut alléguer, en faveur de l'une ou de l'autre hypotheſe. Je conviens que le fardeau d'une image ſi infiniment diviſée, ne ſeroit pas plus difficile à porter d'un côté, qu'à recevoir de l'autre, ſoit dans la ſuppoſition du reflux des eſprits, ſoit dans celle de la marche du mouvement, ou de la propagation du changement des organes ſenſitifs. Je ſais qu'il y a une parfaite analogie, qu'on n'a point encore aſſez fait valoir, entre la rétine & le cerveau ; que ces deux ſubſtances nous offrent le même ſpectacle ; même blancheur, même molleſſe, même délicateſſe par-tout, tant vaſculeuſe que nerveuſe. La branche reſſemble au tronc, & le pavillon, ou l'anti-chambre, à l'appartement du maître. J'ajouterai une choſe qui ne s'eſt préſentée à aucun auteur que je ſache ; c'eſt que la parfaite homogénéité, ou ſimilitude que je viens de remarquer, ne paroît pas être la raiſon probable pour laquelle la viſion ſe fait toujours ſur la rétine, excepté chez ceux qui, pour mieux voir, ont apparemment cru qu'il étoit à propos de couvrir d'un voile noir le verre de la lanterne magique, je veux dire, d'abſorber les rayons dans la noirceur de la choroïde.

Que vous dirai-je de plus ? que le nerf optique ne paroît s'inſinuer dans l'orbite, & percer l'œil, que pour y venir chercher l'impreſſion des corps, au-devant deſquels ce tube nerveux paroît s'avancer ; qu'il ne ſemble embraſſer les humeurs de l'œil ainſi nommées, quoiqu'improprement ou aſſez mal, que pour réunir plus de rayons raſſemblés dans la vaſte & mince étendue de ſa ſurface déployée ; pour ne rien laiſſer échapper, ne rien perdre, & tout mieux ſentir par ſa fineſſe exquiſe. Quoi encore ? Que les maladies du nerf optique arrêtent en en chemin la matiere, ou le mouvement qui alloit faire ſentir le cerveau, & l'ame dans ce viſcere, comme la preſſion arrête ou étouffe le ſon, au lieu même où elle ſe fait, d'autant plus qu'elle eſt plus forte.

Mais voyez, je vous prie, combien dangereuſes ſont les conſéquences de telles hypotheſes! Elles ne vont rien moins qu'à prouver, 1°. que les impreſſions des corps vont, malgré Tralles, frapper le cerveau dans la ſanté, puiſqu'il n'y a que les maladies, ou les obſtacles qu'elles font intervenir au commerce interrompu des deux ſubſtances, qui puiſſent s'oppoſer à cette propagation. 2°. Les mêmes concluſions, ſi elles n'étoient pas *forcées*, ſembleroient donner gain de cauſe au *pitoyable* auteur de *l'homme machine*, en faiſant du cerveau une eſpece de nape blanche, tendue exprès au-dedans du crâne pour recevoir l'image des objets, du fond de l'œil, comme la ſerviette appliquée au mur la reçoit, du fond de la lanterne magique. Or cela ne crie-t-il pas vengeance, de rappeler auſſi hardiment le ſyſtême d'Epicure dans un temps auſſi éclairé par la religion que le nôtre? ſyſtême, qui dans celui de Cicéron, brillant philoſophe, étoit déjà fort décrié & tourné en ridicule.

Ce n'eſt pas tout; bien d'autres calamités coulent de la même ſource empoiſonnée. Le *ſenſorium* eſt dans le cerveau, & l'ame dans ce *ſenſorium*, non comme ces boîtes de Nuremberg, mais comme un timbre dans une montre. Ce timbre ne ſonne pas toujours; il eſt ſeulement toujours prêt à ſonner, à *interroger l'heure* au premier coup de marteau, comme parle le triomphant rival de Lucrece, dans un poëme moderne qu'on ne peut comparer à l'ancien. Mais qui donne ce coup ? Faut-il le répéter ? Le choc des fluides rétrogradans, ou des ſolides, qui ne peuvent être ébranlés, ſans ébranler l'ame, laquelle eſt, pour ainſi dire, à l'extrêmité du bâton, où, comme on ſait, la force du mouvement portée de fibres en fibres, ſe fait principalement ſentir. Quelle hypotheſe plus malheureuſe & plus impie !

Loin d'ici tous ces agens corporels & groſſiers, qui déshonorent les ames animales par des comparaiſons mécaniques & triviales, bien dignes des vils ouvriers qui les font. Qui voit, qui entend, qui ſent par ſoi-même & de loin, n'a que faire qu'on ait la complaiſance d'aller au-devant d'elle, pour obvier à une foibleſſe de myope, qui ne peut avoir une vue auſſi forte que celle de notre ame. Loin d'ici, encore une fois, toute doctrine qui fait du cerveau une table originairement raſe & polie, ſur laquelle rien ne viendroit ſe deſſiner, ſans cette ouverture des ſens où paſſe toute la nature ; mais qui ainſi vîtrée, pour être magnifiquement ornée, & former un jour la plus belle galerie de tableaux, n'attend que les couleurs de la nature & le ciseau de l'éducation. Une telle doctrine en effet, comme tout ce qui conduit au matérialisme, devroit être despotiquement bannie, ou plutôt punie.

Mais que j'aime la contradiction, ou du moins l'irrésolution dans laquelle, dirai-je le disciple, ou le rival de Boerhaave, & après lui l'admirateur de Haller, fait tomber ce grand homme, lorsqu'au lieu de lui faire simplement exposer les systêmes, comme il a vraisemblablement fait dans tous les temps, on lui fait expliquer en vacillant la révision, tantôt par une hypothese, & tantôt par une autre! Ce qui fait bien voir, dit-on, quel labyrinthe sans issue est la vision, puisqu'un tel homme ne sait quel parti prendre & enseigner. *O commentatores, doctum pecus!* Savantes *mâchoires!*

Quoi de plus propre à dégoûter des systêmes! Et que Tralles montre de jugement, en rejettant ceux mêmes qui semblent nous forcer d'en choisir un d'entr'eux!

Concluons donc, avec ce judicieux auteur, que le cerveau a beau attendre & paroître fait exprès, pour recevoir une nouvelle modification, avec celles des organes qui la lui transmettent, il ne lui vient pas le moindre lambeau d'image; pas le moindre rayon sonore; pas la moindre réflexion de lumiere. Le jour est dans l'œil & la nuit dans la tête. En conséquence de ce jour-là, l'ame voit cependant. O prodige ! O mystere ! C'est tout ce qu'on sait. Newton, le grand Newton, qui semble avoir passé les bornes de l'esprit humain, monté, l'optique à la main, sur les épaules quarrées de tous ces animaux qu'on appelle anatomistes, n'en savoit pas davantage. Au fait de la chose, il ignoroit le *quomodo*. Et celui qui a été tout ensemble l'architecte & le réformateur d'un art, dont les manœuvres que je viens de dénommer lui ont fourni, n'en déplaise à Tralles, presque tous les matériaux, portant cependant devant soi le flambeau d'une toute autre théorie que l'immortel Anglois n'en a pas vu plus loin. « A l'occasion de la peinture des objets sur la rétine, » disoit-il, l'ame voit. Je ne sais rien de plus » (si ce n'est des systêmes) sur tous les sens, » dont je me fais gloire d'ignorer l'action ultérieure & immédiate ».

Si telle est la pénétration de l'esprit humain dans ceux qui l'ont portée plus loin, ô que l'homme a bien sujet de s'enorgueillir !

Enfin peu m'importent tous les systêmes; il est facile de se consoler d'une ignorance que les seuls ignorans n'avouent point. Je plaide pour l'ame de mes freres; & pourvu que ce soit elle qui voie, & non le corps, c'est tout ce que je demande; car ce qui se dit d'un sens, est aussi applicable à tous les autres, que ce qui se dit des animaux, l'est mutuellement à l'homme. Or Aristote m'accorde cette grande vérité, lui qui n'est pas accusé de favoriser le spiritualisme. Tant mieux ! Plus de dispute ; j'ai trouvé le point fixe, d'où je vais partir pour dépouiller des organes injustement élevés sur les débris du principe qui les anime, & détrôner pour jamais le tyran usurpateur de l'empire de l'ame ; c'est la *matiere*, à laquelle il est temps de faire succéder *l'esprit*.

Tout le domaine de notre vaste entendement vient d'être réduit à un seul principe par un jeune philosophe que je mets autant au-dessus de Locke, que celui-ci au-dessus de Descartes, de Mallebranche, de Leibnitz, de Wolf, &c. Ce principe s'appelle perception, & il naît de la sensation qui se fait dans le cerveau.

C'est une chose assez singuliere, qu'après avoir nié la propagation de l'impression des sens jusqu'au cerveau, j'admette cependant ce qui la suppose ; mais Tralles vous l'avouera ; nous autres auteurs, gens distraits, nous perdons de vue nos principes : nous accordons ce que nous avons nié, nous nions ce que nous avons accordé ; & comme les astronomes ne s'étonnent pas d'une erreur de quelques milliers de lieues dans leurs calculs de la distance des planetes, suivant M. de Fontenelle, une douzaine de contradictions nous semble une bagatelle, tant l'art est difficile !

Au fond ne vaut-il pas mieux rendre enfin justice à la vérité, que de s'opiniâtrer, comme un sot, contr'elle ? Oui, le changement que l'action des corps externes occasionne dans les nerfs des organes sensitifs, est porté par ces tuyaux au cerveau, qui éprouve, en conséquence du nouveau mouvement qu'il reçoit, une modification nouvelle ; & par elle, une nouvelle façon de sentir, à laquelle on a donné le nom de *sensation*. Ce que portent les nerfs ébranlés, n'en est que la matiere, ou la cause matérielle. Otez cette sensation, comme dans tous les cas, où ce qui alloit la produire, est arrêté en chemin, comme par d'insurmontables *ganglions* ; vous n'aurez point de perception, l'ame n'appercevra pas plus, que ne sentira le cerveau.

Ainsi en faisant l'exposition de cette nouvelle doctrine, demandons grace pour tant de paroles perdues : à condition cependant qu'il nous sera permis de ne pas dire des choses à l'avenir. Car qui en dit ? Dans cette idée nous suivrons le célebre commentateur de Leibnitz.

Les sensations forment ce que Wolf appelle les *idées matérielles* ; les perceptions forment les *idées sensitives*. Les idées matérielles font naître les idées ſenſitives, & réciproquement celles-ci donnent lieu à la génération de celles-là.

Tel ſentiment, telle perception, répond donc toujours à telle ſenſation, & telle ſenſation à tel ſentiment; de ſorte que la même diſpoſition phyſique du cerveau produit toujours les mêmes idées, ou la même diſpoſition métaphyſique dans l'ame. Vous croirez peut-être que cette perpétuelle coexiſtence & identité entre ces deux fabriques d'idées corporelles & incorporelles, eſt un vrai matérialiſme ? Point du tout. Wolf vous aſſurera que cela n'empêche pas leur diſtinction eſſentielle; que les premieres ſont enfans de la chair & du ſang; tandis que les ſecondes, plus ſublimes, s'élevent à l'être auquel elles appartiennent, l'eſprit pur. D'où il s'enſuit que les unes ne ſont que des cauſes accidentelles ou occaſionnelles, mais nullement eſſentielles ou abſolues des autres.

Mais pour former ces idées matérielles, Wolf a dû admettre cette propagation juſqu'au cerveau, des impreſſions produites par les corps externes ſur les organes ſenſitifs; auſſi ne s'y eſt-il pas refuſé. Il conſent que les nerfs ſoient ébranlés juſqu'à leur origine; & c'eſt la nouvelle modification produite par cet ébranlement, qu'il a jugé à propos d'appeller *idées matérielles*, mais il ne veut pas qu'elles demeurent plus long-temps tracées dans le viſcere de l'ame, que Tralles ne veut les images des objets représentés sur la rétine. Il veut encore que les idées sensitives aient le même sort, qu'elles s'éclipsent, quand l'attention cesse d'être appliquée à ces perceptions; que l'ame les perde de vue, & ne puisse enfin se les rappeler que par la mémoire, par l'imagination, ou par une cause ou disposition interne corporelle, tout-à-fait semblable à celle qui avoit originairement occasionné ces perceptions. Voici comment cela peut mieux, dit-on, se concevoir. Quoique ces deux genres si différens d'idées ne soient point *actu*, ni dans le cerveau, ni dans l'ame, elles sont cependant *potentiellement*, comme parle notre docteur, dans ces deux substances; de maniere que, *positis ponendis*, elles pourront s'exciter & s'engendrer tour-à-tour. Telle cause externe, je le suppose, aura fait naître telle sensation; telle cause interne corporelle aura ensuite la même vertu : mais la même idée matérielle, comme on l'a dit, réveille toujours le même sentiment de l'ame, qu'elle a une fois produit, comme ce sentiment donne lieu à la sensation dont il est émané. Ce qui est toujours vrai, soit que l'idée sensitive naisse de l'idée matérielle, ou des causes incorporelles dont j'ai fait mention.

Tel est ce flux & reflux continuel de mouvemens, de sensations & de pensées, qui se répondent si parfaitement, qu'un géometre ne manqueroit pas de dire qu'il est clair que l'ame est au corps, ce que le corps eſt à l'ame, & réciproquement, dans la plus grande exactitude. Mais les idées raiſonnables, ſpirituelles, réfléchies, ſont ſans doute auſſi intimément liées aux ſenſitives, que celles-ci le ſont aux matérielles. On obſerve par-tout la même chaîne & les mêmes dépendances. Le cerveau reçoit-il une nouvelle impreſſion ? Nouvelle idée dans l'ame. Celle-ci s'affecte-t-elle d'une nouvelle idée ? Non-ſeulement il en réſulte les mêmes mouvemens & les mêmes ſenſations dans le corps : mais ſi cette affection eſt profonde, l'attention s'en mêle ; c'eſt elle qui la conſidere, l'examine, la retourne. Alors elle prend le nom de réflexion, faculté de l'ame qui ſert à combiner un ſentiment & tous ſes rapports, avec une infinité d'autres qui ſe repréſentent par les cauſes ſpirituelles, ou corporelles, dont on a parlé. C'eſt ainſi que l'ame n'a qu'à ſe replier en quelque ſorte ſur elle-même pour exercer ſes plus brillantes facultés, les étendre, montrer du génie, de la force, de la ſagacité ; ſemblable à un rayon qui ne ſe réfléchit point, ſans devenir plus actif ; ou, ſi l'on veut, à une draperie qu'un heureux pli du peintre ou du graveur embellit.

Laiſſons l'hypotheſe des perceptions Wolfiennes, déjà donnée dans tant d'ouvrages, & particuliérement en peu de mots dans *l'hiſtoire naturelle de l'ame*. Quelque plaiſante qu'elle ſoit, il ſera encore plus agréable, de contempler le merveilleux concert du corps & de l'ame dans la mutuelle génération de leurs goûts & de leurs idées ; & c'est un apologue original, de je ne sais quel auteur badin, qui va nous donner ce petit divertissement philosophique. Le cerveau parle le premier, & l'ame répond.

D. » Comment trouvez-vous le sucre ?

R. » Comme vous, doux.

D. » Le jus de citron ?

R. » Acide.

D. » L'esprit de vitriol ?

R. » Beaucoup plus acide.

D. » Le quinquina ?

R. » Amer.

D. » Le sel marin, &c.

R. » Sottes questions ! Comme vous, encore une » fois, & toujours comme vous. Depuis que » j'ai perdu les *idées innées*, & les belles pré- » rogatives dont Descartes & Staal m'avoient » si généreusement gratifiée, êtes-vous à savoir » que je ne reçois rien que de vous, & que » vous ne recevez rien que de moi ; que je ne » me gouverne que par vos volontés, comme » vous ne vous réglez que sur les miennes. » Ainsi donc point de dispute & grand silence, » nous sommes faits pour être toujours d'accord. » Les préjugés seuls pouvoient mettre le di- » vorce, où sont naturellement la complai- » sance & les mêmes penchans ».

Rien de plus juste, rien de plus sensé, rien de plus conforme au vrai, que ces réponses de l'ame. Il étoit difficile de mieux *peindre*, quoiqu'en riant, le commerce intime des deux substances, & la génération réciproque des idées de l'ame par celles du corps : *Ridendo dicere verum, quid vetat?* En effet chacun n'a qu'à rentrer en soi, pour sentir que l'ame n'est pas plus contredite par le cerveau, tout grossier qu'il paroît, que lui-même ne l'est par l'ame, beaucoup plus polie. Mêmes sensations, toutes choses egales, mêmes goûts des deux parts, mêmes opinions, même façon de sentir & de penser. Si l'ame en change avec le corps, le corps en change avec l'ame. Enfin l'imitation est si parfaite, qu'on peut dire que c'est une vraie singerie, ou vraie comédie qui se joue dans le cerveau, soit qu'on rêve, soit qu'on veille, sans qu'on puisse décider lequel du corps & de l'ame a été le premier acteur, ou, si l'on veut, le premier singe, parce qu'on ne sait lequel des deux a commencé le premier. Et c'est apparemment ce qui aura jeté dans le matérialisme, tous ces petits philosophes qui ne jugent que sur l'ecorce des choses.

N'outrons rien ; quelqu'unis & intimément liés que soient entr'eux l'ame & le cerveau, leur bonne intelligence ne dure pas toujours. C'est comme en mariage, le ménage va mal quand les cœurs sont mal assortis. Deux chiens pris ensemble, ne tirent pas plus chacun de ſon côté, qu'une pauvre ame timorée par le ſcrupule, & des nerfs, qui, ſi on les laiſſoit faire, imaginent qu'ils auroient bien du plaiſir à le braver. De là, de cette ſource empoiſonnée, toutes ces contrariétés qui ont fait imaginer pluſieurs ames aux philoſophes embarraſſés de deviner l'énigme de l'homme; de-là ces peines & ces combats, ſi flatteurs pour la raiſon & pour la vertu, quand elles peuvent par haſard faire pencher la balance de leur côté, & remporter la victoire.

Plus l'éducation eſt contraire à la nature, plus il en réſulte dans le courant de la vie d'incompatibilité entre les deux ſubſtances. La vaincre, cette contrariété, c'eſt le triomphe de l'homme, qui ſeul a ce pouvoir, comme je le dirai plus au long, lorſque j'aurai occaſion de faire ſentir combien l'homme, tout animal qu'il eſt, eſt cependant au-deſſus de tous les animaux. Je ne négligerai pas de dire en paſſant qu'il y a eu des philoſophes, qui ont ſingulierement expliqué cette biſarre contradiction de l'homme avec lui-même; c'eſt par la mépriſe des ames, qui ſe trompant de porte, entrent dans les corps qui ne leur conviennent pas, & laiſſent là ceux qui leur étoient deſtinés. Ce ſont ces étourdies, dit-on, qui font les gens diſtraits, ceux qui prennent la femme d'autrui pour la leur, ceux qui ſiflent, chantent, danſent, ou tournent le dos, au moment même qu'on répond aux queſtions qu'ils viennent de faire. Si cela étoit, l'ame d'un poëte pourroit bien ne pas s'accommoder de ces méprises ; elle ne se trouveroit pas à l'aise, ni tranquille, dans un sang bouillant & courageux. Toujours inquiete & en proie aux plus grandes anxiétés, elle n'auroit d'autre ressource que celle des plantes transplantées ; car alors dégénérer, c'est acquérir. Mais le sang auroit-il tant d'influence sur l'ame ? il n'y a qu'un médecin qui puisse soutenir ce paradoxe. *Tres medici, duo athei.* Wolf n'a pas été la dupe de leur matérialisme le mieux masqué.

Mettons un vernis sérieux sur ce badinage ; & puisque nous en sommes à l'entrée de l'ame dans les corps animés, & que cela nous conduit naturellement au mystere de l'union des substances, faisons ici quelques questions à ce sujet avec toute la modestie qui nous convient.

L'ame seroit-elle attirée dans les corps des animaux du sein de la divinité, dont Platon, enchanté de la beauté de la sienne, a voulu qu'elle fît portion ? Y seroit-elle attirée, comme une planete l'est par une autre planete ? Seroit-ce par sa propre impulsion, plutôt que par attraction ? Seroit-ce par un mouvement machinal, qu'elle seroit portée vers nous, ou par ce mouvement de pitié, de compassion ou d'humanité, qui nous engage à montrer le chemin à un malheureux qui s'égare ? Auroit-elle defcendu du ciel fur la terre, pour nous éclairer dans les ténebres & les prejugés de la vie ? Hélas ! pour un préjugé, dont elle fecoue le joug, elle reçoit les entraves de cent. N'auroit-elle pas plus de goût, plus de fympathie à s'unir à telle machine, qu'à telle autre, afin de compenfer des refforts d'une trop grande vivacité, par le phlegme de la raifon & du bon fens ; & réciproquement la lenteur des roues du corps, par fon action & par fon feu ? La fympathie que nous éprouvons tous les jours dans les cercles, & auprès des tapis verds, rend cette conjecture plaufible.

Mais tout ceci ne touche point encore le but que je me fuis propofé. Par quelle forte d'emboîtement, d'articulation, de charniere, de contact enfin, l'ame feroit-elle agencée avec le cerveau ? Surnageroit-elle fur la fuperficie, comme l'huile fur l'eau ; beaucoup plus active fur le corps, quoique moins nubile à fes particules les plus mobiles & les plus déliées ? Cette union vous paroit étrange ! Mais le plus précieux des métaux, l'or ne s'amalgame-t-il pas fans peine avec un vil fémi-métal ? Ainfi le pur efprit qui nous anime fe fondroit avec quelque point cortical ou médullaire du cerveau. Ainfi le *mercure* de nos ames, pour emprunter cette autre comparaifon de la chymie, s'amalgameroit ici avec le fer de nos organes, fans qu'aucunes *crudités* puffent l'en empêcher.

Mais non, queftions frivoles & puériles, toutes celles qu'on peut faire à ce fujet ! Songeons que ce qui eft corps, fe lie étroitement à ce qui ne l'eft pas; ce qu'on conçoit, à ce dont on n'a aucune ombre d'idée; ce qui n'a point de parties, à ce qui en a; ce qui ne peut être ni vu, ni touché, ni foumis en aucune maniere à nos fens, à ce qu'il y a de plus fenfible, de plus groffier, de plus palpable. Songeons que le vifible fe joint à l'invifible, le matériel au fpirituel, l'indivifible au divifible à l'infini. Comment une auffi foible intelligence que la nôtre, pourroit-elle comprendre l'ouvrage d'un dieu, qui pour fe jouer de fieres marionettes, a voulu par fa toute-puiffance unir deux chofes auffi contraires que le feu & l'eau, & ferrer d'étroits liens ce qui n'offre aucune prife l'un à l'autre ? Hélas ! comme dit plaifamment Voltaire, « nous ignorons comment on fait des » enfans, & nous voulons favoir comment on » fait des idées. » L'union de la caufe eft auffi incompréhenfible, que la génération de fes effets.

Mais que dis-je ! Pardon, Leibnitiens; vous avez appris à l'Europe étonnée que ce n'eft que métaphyfiquement que font liées les deux fubftances qui compofent l'homme, & que, quoique l'ame n'habitât point dans le corps, elle n'en exerçoit pas moins ſur lui un empire harmonique & corrélatif. Ainſi voilà un grand myſtere dévoilé! Quelle ſagacité d'avoir ſenti les inconvéniens de placer l'ame dans un lieu où il n'y a que du mouvement, & où elle ne pouvoit agir que par ce mouvement mécanique!

Quoiqu'il en ſoit, comme c'eſt par ſa volonté que l'ame agit, & que c'eſt elle qui fait ſa gloire & ſon triomphe, nous allons un peu moins légerement que nous n'avons fait, expoſer ſa force & ſon deſpotiſme ſur le corps.

Non-ſeulement il eſt certain (& perſonne n'en peut diſconvenir, ſans avoir perdu le bon ſens,) que le corps eſt ſoumis à la volonté dans les animaux, mais on voit qu'elle ſe fait obéir plus vîte que l'éclair ne parcourt, tant elle ſemble tenir en ſouveraine les rênes des organes qui lui ſont ſubordonnés. Figurez-vous la volonté, pour en avoir une belle image, lançant du haut de la glande pinéale, ou d'ailleurs, (puiſqu'elle en eſt déchue, malgré l'autorité de Deſcartes) lançant, dis-je, ſes eſprits, comme Jupiter lance ſa foudre du haut des nues. Voilà ſes miniſtres : la volonté dit, les eſprits volent, & les muſcles obéiſſent. Or voici comment tout cela ſe fait.

La moëlle épiniere n'eſt que la moëlle alongée plus raſſemblée, plus compacte; on peut dire que c'eſt le cerveau même qui deſcend, s'accommode,

&

& se moule au canal des vertebres ; combien de nerfs partent de la substance médullaire de ce canal ! Et que sont-ils eux-mêmes ? Une prolongation en forme de petits cordons, de cette moëlle de l'épine : de cordons creux, dans la cavité desquels se fait une vraie circulation des esprits animaux, comme de sang dans les vaisseaux sanguins, & de lymphe dans les vaisseaux lymphatiques, quoique les yeux armés des plus excellens microscopes n'aient jamais pu voir, ni toute l'industrie anatomique découvrir, ni ce subtil fluide, ni le dedans des tuyaux qu'il parcourt avec la vivacité de la lumiere. Ces esprits qu'on admet, quoiqu'invisibles, tandis que tant de *libertins* ne croient point à l'ame, parce qu'elle ne tombe pas sous les sens : ces esprits, dis-je, sont originairement une production du plus pur sang de l'animal, de celui qui lui monte au cerveau, tandis qu'il est nécessaire que le plus épais descende ; c'est ce sang vif & mobile qui les donne à filtrer ; ils passent de la substance corticale dans la médullaire, ensuite dans la moëlle allongée, dans celle de l'épine, & enfin dans les nerfs qui en partent, pour aller, invisiblement gros d'esprits, porter avec eux le sentiment & la vie dans toutes les parties du corps.

Arrivés aux muscles, ces nerfs s'insinuent dans leur masse, s'y distribuent par-tout, & s'y ramisent, jusqu'à s'y perdre enfin. On ne peut plus les suivre, ils se derobent aux meilleures loupes, aux plus subtiles injections; il n'y a point d'art connu pour les débrouiller & les découvrir; on ne sait, & vraisemblablement on ignorera toujours ce qu'ils deviennent. Mais comme tout ce qui prend vie dans les animaux sent la moindre piqure, il est probable que ces organes du mouvement & du sentiment, ou se changent en fibres grêles musculeuses, (qui alors seroient conséquemment une vraie prolongation des nerfs, comme les poils,) ou pénetrent tellement ces fibres, & s'entrelacent si bien avec elles, qu'il n'est pas possible de trouver un seul point dans un muscle, dont le sentiment ne manifeste pas la présence ou le mélange du nerf; & c'est aussi à-peu-près ce que pensent les anatomistes les plus sceptiques. Je n'en connois point qui le soient plus que le célebre auteur de ces planches immortelles, qui ont rejetté dans l'oubli celles-là même qu'il en avoit si savamment tirées.

Telle est la force qui contracte les muscles, & le chemin que la volonté, & souvent à la vérité la machine même, lui fait faire. On juge aisément que ce chemin étant libre & ouvert depuis le commencement jusqu'à la fin, on juge, dis-je, que le suc nerveux peut sans nul délai, & même sans aucun intervalle de temps sensible, se rendre, dès que l'ame commande, aux parties qu'on veut remuer.

Cette force, comme on voit, ne peut être soupçonnée d'être inhérente au corps des muscles; elle leur est tout-à-fait étrangere, & n'a rien de commun avec celle qui leur est propre; mais l'une sert à exciter l'autre, il ne lui faut qu'un instant pour aller à elle, & voler à son secours.

Telle est la facilité que les deux puissances du corps ont de se joindre & de se réunir, pour faire, suivant le langage de l'école, un *agrégat* de forces composées de celle qui est infiniment mobile, & de celle qui est absolument immobile par rapport aux parties où elle réside.

Rien n'étoit plus nécessaire que cette prompte réunion, pour favoriser ce grand agent des corps animés, cet archée, (*archæus faber*) à qui le sentiment doit son existence, comme au sentiment la pensée, je veux dire le mouvement. Certainement l'une sans l'autre n'eût pu produire tant d'effet, sur-tout celle du *parenchyme*, qui est la plus foible. Effectivement, qu'est-ce que la contraction spontanée, sans les secours vitaux? Et ceux-ci à leur tour remueroient-ils si puissamment de telles machines, s'ils ne les trouvoient toujours prêtes à être mises en branle par cette force motrice, par ce ressort inné, si universellement répandu par-tout, qu'il est difficile de dire où il n'est pas, & même où il ne se manifeste pas par des effets sensibles ; même après la mort, même en des parties détachées du corps, & coupées par morceaux. Le feu qui fait durer plus long-temps la contraction du cœur de la grenouille, mis sur une assiette chauffée, seroit-il le principe moteur dont nous parlons ? L'électricité ne rendroit-elle point plausible cette nouvelle conjecture ?

Quoiqu'il en soit, pour revenir aux esprits animaux, ce fluide imperceptible qui semble émaner de la volonté, comme de la source, pour être transmis par tant de ruisseaux aux organes du mouvement, est prouvé par la nécessité de l'intégrité des nerfs pour l'usage ou l'exécution des mouvemens volontaires; car si les autres canaux, j'entends ceux qui se rendent aux muscles qu'on veut faire agir, sont liés, coupés, ou bouchés, l'ame desire & commande vainement ; ces parties sont immobiles, jusqu'à ce que ces tuyaux & leurs sucs soient remis en liberté : mais alors le mouvement, ou le sentiment, ou l'un ou l'autre, renaissent sur le champ dans la partie qui en étoit privée.

Puisqu'il est vraisemblable que chaque dernier filet nerveux s'abouche avec chacune des premieres fibres musculeuses, dans lesquelles peut-être chaque filet dégénere, on pourroit conclure que les esprits animaux, passant de cette extrémité du nerf qui les porte, dans toutes les fibres du muscle, font eux-mêmes cette force générale de la vie, dont je parle, & qu'en se joignant à celle de chaque partie solide, elle en augmente, comme je l'ai dit, les ressorts : ressorts d'autant plus foibles, que la vie est moins forte, puisqu'ils diminuent & semblent se retirer avec elle.

Vous seriez curieux de savoir par quelle mécanisme un fluide aussi fin, aussi délié, peut venir à bout de rapprocher les élémens des fibres, de gonfler de si gros muscles, & de contraster vigoureusement de si puissans corps. J'avoue que mon ame se perd, où mes yeux ne voyent goutte; mais vous avez Bernouilli, Bellini, tant d'autres, & sur-tout Borelli, qui vous diront, si vous aimez les romans philosophiques, ce qu'ils ont ingénieusement rêvé a ce sujet.

Pour moi je me contenterai d'observer que la cause physique de la contraction des muscles n'est d'elle-même que le premier effet d'une cause métaphysique, qui est la volonté. Le moyen de faire au cerveau l'honneur de le regarder comme le premier moteur des esprits ! C'est l'élever sur les débris de l'ame, & lui faire usurper ses droits. Il y a long-temps que le *cœur de Baglivi* ne bat plus, si ce n'est dans sa tête. Il faudroit que la dure mere fût capable de bien autre chose que de coups de piston. Il n'y a pas jusqu'aux arteres du cerveau, qui ne soient très-peu musculeuses :

ce qui fait, comme on l'a insinué, qu'elles ont peu d'élasticité. Et quand elles en auroient davantage ; en conscience a-t-on jamais mis l'ame dans les muscles ? Le cerveau doit tout jusqu'à la sécrétion de ses esprits, à l'action du cœur. Voulez-vous que ce soit ce viscere qui les envoie dans les muscles au gré d'une volonté qu'il n'a pas ; car il est décidé par des sillogismes en forme, malgré Locke & tous ses partisans, que la matiere ne peut vouloir. Tous les mouvemens répondront à la fois à la systole du cœur ; il n'y aura plus de distinction entre les volontaires & les involontaires, ils se feront tous ensemble avec la même parfaite égalité ; ou plutôt il n'y en aura point de la premiere espece ; ils seront tous *spontanés*, comme ceux d'une vraie machine à ressorts. Or quoi de plus humiliant ? Nous ne serions tous que des machines à figure humaine. Fort bien, Tralles ! *optime arguisti.*

Reconnoissons dans la volonté un empire que ne peut avoir le cerveau. Celui-ci ne nous offre que boue, fange & matiere. Celle-là remue à son gré une infinité de muscles : elle ouvre, ferme les sphincters, suspend, accélere, peut-être étouffe la respiration dans ceux qui n'ont point d'autres armes pour se soustraire au trop pésant fardeau de la vie ; elle donne des défaillances, des extases, des convulsions, & enfante en un mot tous ces miracles qu'une imagination vive & *Follarde* rend plus faciles qu'on ne croit.

La volonté seroit-elle donc matérielle, parce qu'elle agit ainsi sur une matiere aussi déliée que celle des esprits.

De tels prodiges pourroient-ils être rejetés sur l'activité d'élémens aussi grossiers que le sont les plus subtiles molécules de nos corps ? la volonté, d'un autre côté, seroit-elle dans le cerveau, sans lui appartenir, sans en faire partie ? Quoiqu'il en soit, elle est tout-à-fait distincte du viscere qu'elle habite ; c'est un illustre étranger dans une vilaine prison.

Mais voici une preuve nouvelle de la spiritualité de la moitié de notre être : je la crois tellement sans réplique, que je défie tous les matérialistes d'y répondre. Vive dieu ! quel dilemme !

Il n'y a dans tous les corps animés que solides & fluides ; les uns se ratissent par des frottemens continuels qui les usent & les consument. Les autres laissent sans cesse évaporer leurs particules aqueuses, leurs principes les plus mobiles & les plus volatils, avec ceux que la circulation a détachés des vaisseaux. Tout transpire ensemble, & tout se répare de même, (avec usure ou surcroit jusqu'à un certain âge,) par le merveilleux ouvrage de la nutrition.

A présent, dites-moi, je vous prie, où vous

voulez mettre la volonté. Sera-ce dans ce qui se ratisse, ou dans ce qui s'évapore? La serez-vous galopper dans nos veines & courir comme une folle avec nos liqueurs? Direz-vous que tranquillement assise sur son trône médullaire, sans participer en rien à ce qui arrive au corps, elle voit du haut de sa grandeur les orages se former dans les vaisseaux, comme on entend gronder le tonnerre sous ses pieds du haut des Pyrénées? Vous n'osez soutenir une si étrange opinion! Donc l'ame est distincte du corps. Donc elle habite quelque part hors du corps. Oh! dieu le sait, & les Leibnitiens. C'est ainsi que nous autres spiritualistes, quoique assez fermes & même opiniâtres, chantons quelquefois la palinodie.

Non, encore une fois, non, la volonté ne peut être corporelle. Concevez-vous que le corps, ou quelque partie privilégiée de ce corps, (que vous connoissez si bien) puisse tantôt vouloir & tantôt ne pas vouloir? Concevez-vous matériel, ce qui envoie, tantôt plus, & tantôt moins d'esprits, & tantôt point du tout; ce qui les suspend, les fait marcher, courir, voler ou s'arrêter, au gré de ses desirs? Rendez-vous donc au *spiritualisme*, à la vue de l'absurdité du systême contraire. Quelle simplicité, pour ne pas dire quelle folie, de croire avec Lucrece, que rien ne peut agir sur un corps que ce qui est corps? La volonté etant une partie de l'ame, est incontestablement spirituelle, comme son tout; & cependant elle agit visiblement sur ces corpuscules déliés qui ont la mobilité, non du vif argent, non de la *matiere subtile*, mais de l'éther & du feu. Et il faut bien que cela soit, puisque c'est elle qui les détermine, qui les met en marche & leur enseigne jusqu'au chemin par où ils doivent passer.... Mais écoutons nos adversaires.

« Comment la volonté peut-elle agir sur le » corps? Quelle prise a-t-elle sur les esprits ani- » maux? Quels sont les moyens dont l'ame se sert » pour faire exécuter ses volontés?

» Pourquoi le chagrin resserrant le diametre des » vaisseaux, y fait-il croupir la lie des fluides » desséchés; d'où naissent les obstructions de l'ima- » gination, le délire sans fievre sur un certain » objet; les ris, les pleurs qui se succedent tour- » à-tour, & enfin la plus nombreuse & la plus » bisarre cohorte d'accidens hypocondriaques; » tandis que la joie fouette le sang, comme le libre » cours de tous les fluides fait circuler la joie, » non-seulement dans les veines de l'homme gai; » mais la fait passer par communication dans le » cercle le plus sérieux? Pourquoi les passions si » foibles dans les uns, si violentes dans les autres, » laissent-elles ici le corps & l'ame en paix, pour » les tourmenter là? Pourquoi l'irritation de la

» *paire vague & du nerf intercostal*, communs » aux intestins & au cœur, allumant la fievre, » met-elle en si grand désordre le corps & l'ame ? » Quel est l'empire des vésicules séminales trop » pleines ? Toute l'économie des deux substances » en est bouleversée. Un coup violent sur la tête » jette l'ame la plus ferme en apoplexie. Elle ne » peut pas plus s'empêcher de voir jaune dans » l'ictere, que le soleil rouge, au travers du verre » ainsi coloré, fait exprès pour pouvoir impuné- » ment regarder ce bel astre. Enfin si telle est » l'absolue nécessité des sens, du cerveau, de » telle ou telle autre disposition physique, pour » produire les idées liées à cet arrangement d'or- » ganes; si ce qui bouleverse la circulation & le » cerveau, bouleverse l'ame *quant & quant*, » comme dit Montaigne; pourquoi recourir à un » être, qui paroît *de raison*, pour expliquer ce qui » est inexplicable hors du matérialisme ? &c. »

Rien de plus aisé que de répondre, s'il ne l'étoit encore plus d'interroger. Que voulez-vous que je vous dise ? Vous savez déjà tout le mystere. Telle est l'union de l'ame & du corps, & nous sommes ainsi faits. Voilà toutes les difficultés tranchées d'un seul mot.

Mais le moyen de ne pas s'écrier avec S. Paul, *ô altitudo* ! à la vue de tant d'incompréhensibles merveilles ! l'ame ne participe en rien de la nature du corps, ni le corps de l'essence de l'ame; ils ne se touchent en aucun point; ils ne se poussent & ne s'affectent par aucun mouvement, & cependant la tristesse de l'ame flétrit les charmes du corps & l'ulcere au poumon ôte la gaieté de l'esprit. Compagnons invisibles & inséparables, ils sont toujours ensemble, ou sains ou malades. Mais peut-on être sain dans un lieu pestiféré? Peut-on être fort dans les langueurs? N'est-il pas naturel que l'ame, qui ne fait rien que par le ministere des sens, se ressente de leurs plaisirs, & partage leurs calamités?

Mais l'ame que la volupté paroît avoir absorbée, ne lui cede, ne disparoît que pour un temps; elle ne s'étoit éclipsée, en quelque sorte, que pour réparoître, plus ou moins brillante, selon la modération avec laquelle on s'est livré à l'amour. La même chose s'observe dans l'apoplexie, où tantôt l'ame, qu'un coup de foudre sembloit avoir frappée, reparoît, comme le soleil sur l'horison, dans toute sa splendeur, & tantôt dépourvue de mémoire & de sagacité, souvent imbécille. Mais alors qu'est ce autre chose qu'un foible pinçon, qui a pensé être écrasé dans sa cage, ou qui pressé dans un passage étroit, y a laissé ses plus belles plumes?

Les bornes de l'empire de la volonté étant en raison de l'état du corps, est-il surprenant que les organes n'entendent plus, pour ainsi dire, la voix de leur ſouveraine, lorſque les chemins de communication ſont rompus ? Si vous exigez de mon ame qu'elle leve mon bras, lorſque le *Deltoïde* ne reçoit plus le ſang artériel ou le ſuc nerveux, exigez donc auſſi qu'elle faſſe marcher droit un boiteux.

Quoique les organes les plus ſoumis à la volonté, lui deviennent néceſſairement rebelles, quand les conditions de l'obéiſſance viennent à manquer, l'ame s'accoutume cependant peu-à-peu à cette réſiſtance & à cette immobilité des parties ; & ſi elle eſt ſage, elle ſe conſole aiſément de la perte d'un ſceptre qu'elle n'avoit que conditionnellement.

Rien ne releve tant la dignité & la nobleſſe de l'ame, que de voir ſa force & ſa puiſſance dans un corps impuiſſant & perclus. La volonté, la préſence d'eſprit, le ſang-froid, la liberté même ne ſe ſoutiennent & ne brillent-elles pas, avec plus ou moins d'éclat, au travers de tous ces nuages que forment les maladies, les paſſions ou l'adverſité ? Quelle gaieté dans Scarron ! Quel courage dans ces ames ſublimes, dont la force, loin de s'énerver, redouble par les obſtacles ! Au lieu de ſuccomber au chagrin qui tue les autres, chez elles la raiſon a bientôt fait l'ouvrage du temps.

Si la volonté eſt eſclave, c'eſt moins du corps que de la raiſon ; mais elle ne ſubit ce joug que pour faire honneur à notre hiſtoire & relever la grandeur & la majeſté de l'homme.

La volonté qui commande à tant d'organes, eſt en effet quelquefois ſoumiſe elle-même à la raiſon, qui lui fait haïr, en mere ſage, ce qu'elle deſireroit en fille indiſcrete.

Quoi de plus beau, que de voir cette puiſſante maîtreſſe, qui ſemble tenir l'homme & tous les animaux par la bride, en reconnoître une à ſon tour, plus deſpotique encore & bien plus ſage; car c'eſt elle qui, comme un autre Mentor, lui montre le précipice à côté des fleurs; les regrets & les remords à la ſuite de la volupté, & lui fait ſentir comme d'un ſeul regard tout le danger, le vice ou le crime qu'il y a de vouloir ce qu'on ne peut s'empêcher d'aimer.

O animaux! quoique je ſois ici votre apologiſte, que je vous trouve inférieurs & ſubordonnés à l'eſpece humaine! Soumis à une fatalité ſtoïque, votre inſtinct n'a point été redreſſé, comme le notre, changé en raiſon, comme une terre s'améliore, à force de culture. Vous voulez toujours ce qu'une fois vous avez voulu. Fideles & conſtans, vous avez toujours poſé les mêmes circonſtances, les mêmes goûts pour les objets qui vous plaiſent. C'eſt qu'un vil plaiſir détermine tous vos ſentimens, votre ame n'ayant point été élevée à la connoiſſance de ces heureux principes, qui font rougir les gens bien nés, non-seulement d'une volupté, mais d'un desir ou même du moindre appétit qui les flatte : c'est que vous n'avez pas la plus légere idée de cette vertu, qui *tiroit* si *joliment l'oreille* de Séneque. Semblable à l'enfant courageux qui donne, sans le savoir, des coups de pied à la mere qui le porte & le nourrit, notre ame ne regimbe pas moins dans sa matrice, avec une agréable *conscience* contre ce qui la délecte le plus.

D'où vient cette différence entre l'instinct des animaux & la raison humaine ? C'est que nous pouvons juger des choses en elles-mêmes ; leur essence & leur mérite nous sont trop connus, pour être, dans tous les âges de la vie, esclaves & dupes de leurs illusions, au lieu que les bêtes n'ont la faculté de juger que sur un rapport, que le pere Mallebranche a décidé toujours trompeur. Comment seroient-elles capables de sentir ce singulier prurit de l'amour-propre, ce noble aiguillon de la vertu, qui nous éleve au faîte de l'art sur les debris de la nature ? Ce sont de vraies machines, bornées à suivre pas à pas cette nature, dont le torrent les entraîne irrésistiblement, semblables à de légeres chaloupes sans pilote & sans avirons, abandonnées au gré des vents & des flots. Enfin faute d'une brillante éducation, dont elles ne sont point susceptibles, elles sont dépourvues de ce rafinement d'esprit & de raison, qui nous fait orgueilleusement fuir & haïr ce que notre volonté eût naturellement cherché & desiré; qui nous fait siffler & dédaigner ce qu'applaudit & appete toute la nature.

Je me suis livré d'autant plus volontiers à ces réflexions, que je n'ai prétendu à aucuns égards mettre les animaux au niveau de l'homme. Si je leur ai donné la même échelle, c'est avec moins de degrés, ensorte que je n'accorde volontiers que les animaux montent avec plus de sûreté & d'un pas plus ferme, que pour nier qu'ils s'élevent aussi haut que nous. Telle est aussi l'opinion de l'auteur de *l'homme plante*, que Tralles propose si plaisamment comme un modele de sagesse & de jugement à l'auteur de *l'homme machine : tout esprit*, selon lui, *mais souvent sans jugement & sans raisonnement, battant métaphoriquement la campagne, sans rien dire, ni rien prouver.*

Il ne vous suffit pas que j'admette en mille endroits de cet ouvrage la supériorité de l'homme; vous voulez que je vous dise ce que c'est que cette ame qui nageoit jadis avec les petites anguilles spermatiques; que je vous marque exactement la différence qu'il y a entre la vôtre & celle des animaux. Ah! si je connoissois aussi bien leur essence que celle de la plupart des docteurs qui en traitent, je ne vous la définirois pas, je vous la dessinerois d'après.

nature ; mais, hélas ! mon ame ne se connoît pas plus elle-même, qu'elle ne connoîtroit l'organe qui lui procure le plaisir du spectacle enchanteur de l'univers, s'il n'y avoit aucun miroir naturel ou artificiel. Car quelle idée se forger de ce qu'on ne peut représenter, faute d'image sensible ? Pour imaginer, il faut colorer un fond & détacher de ce fond, par abstraction, des points d'une couleur qui en soit différente ; ce qui se fait avec d'autant moins de fatigue, qu'elle est plus tranchante, comme lorsque j'imagine des cartes sur un tapis verd. Delà vient que les aveugles n'imaginent point, ils n'ont pas, comme nous, besoin d'imagination, pour combiner. Delà vient que nous prononçons sans-cesse, tous philosophes que nous sommes, tant de noms dont nous n'avons aucune idée ; tels sont ceux de substance, de suppôt, de sujet, (*substratum*,) & autres sur lesquels on s'accorde si peu, que les uns prennent pour substance, pour nature, être ou essence, ce que les autres ne prennent que pour attribut ou mode. *Non semper calamo ludimus*. Voilà de quoi mettre Tralles en fureur.

Quoi qu'il en soit, pour revenir à nos moutons, plus j'examine ce qui se passe dans les animaux, plus je me persuade qu'ils pourroient bien avoir deux ames : l'une, par laquelle ils sentent, l'autre, par laquelle ils pensent. Ce seroit trop simplifier les

les choses, que d'en rien rabattre. Je sais que Willis, qui les a si adroitement fabriquées ou mises en œuvre, s'est très-bien passé dans la derniere, (de la plus belle trempe cependant) pour expliquer non-seulement toutes les opérations animales, mais la génération même de nos idées. La raison en est que ces deux ames, si distinctes de nom, n'en constituent qu'une seule en effet, de maniere qu'il n'est pas surprenant qu'elles se ressemblent plus parfaitement que les deux *Sosies* de Moliere ou les *Menechmes* de Regnard.

Mais ici tout est plein de prodiges; on ne peut s'empêcher d'admirer, de quelque côté qu'on regarde. Quoique l'ame sensitive & l'ame raisonnable ne fassent qu'une seule & même substance plus ou moins éclairée, plus ou moins intelligente selon les corps qu'elle habite, cependant la sensation qui appartient à la premiere, & la raison qui est le fruit de la seconde, sont, à ce que dit Tralles, absolument différentes l'une de l'autre. *Risum teneatis, amici.*

Prouvons plus que jamais que l'ame des animaux est éloignée de celle de l'homme *toto cœlo*. L'une ne semble occupée que de ce qui peut nourrir son corps, l'autre peut s'élever au sublime du style & des mœurs. Celle-là brille à peine comme l'anneau de Saturne, ou comme des étoiles de la derniere grandeur : celle-ci est un vrai soleil, éclairant l'univers, sans se consumer; soleil de justice & d'équité, dont la vérité & la vertu sont l'éternel aliment. L'ame humaine se montre parmi les animales, comme un chêne parmi de foibles arbrisseaux, ou plutôt comme un homme qui pense, toujours neuf, toujours créateur, parmi ces gens à mémoire, vils copistes, éternels échos du Parnasse, qui n'ont plus rien à dire, quand ils ont raconté tout ce qu'ils ont lu ou vu : ou parmi ces pédans, dont la fade & stérile érudition se perd dans un fumier de citations.

Quelle merveilleuse docilité n'avons-nous pas? Quelle étonnante aptitude aux sciences! Il ne nous faut pas plus de dix ou douze ans, pour apprendre à lire & à écrire; & dix ans encore suffisent au développement de la raison. Il n'y a que le dépouillement des préjugés de l'enfance qui trouve ordinairement trop court le reste de la vie.

Quelle difference de l'homme aux animaux! Leur instinct est trop précoce, c'est un fruit qui ne peut jamais mûrir; ils ont en venant au monde presque tout l'esprit qu'ils ont dans la force de l'âge : enfin ils n'ont point les organes de la parole : & quand ils les auroient, quel parti pourroient-ils en tirer, puisque les plus spirituels & les mieux élevés d'entre eux, ne prononcent que des sons qu'ils ne comprennent en aucune maniere, & parlent toujours, comme nous parlons souvent, ſans s'entendre, à moins que vous ne vouliez excepter le perroquet du chevalier Temple, que je ne puis voir ſans rire, agrégé à l'humanité par un métaphyſicien qui croyoit à peine en dieu ?

Mais ſoyons juſtes & impartiaux, & jugeons des animaux, comme des hommes. Quand j'en vois qui ne parlent point, on ne me perſuadera pas qu'une telle taciturnité ſoit de l'eſprit, mais auſſi je ne pourrois être ſûr qu'ils en manquent. Les animaux ne ſeroient-ils point de même que des gens ſpéculatifs, plus raiſonnables que raiſonneurs, & aimant beaucoup mieux ſe taire, que de dire une ſottiſe ? Songeons que le plaiſir, le bien-être, leur propre conſervation, eſt le but conſtant où tendent tous les reſſorts de leur machine. Peut-être pour obtenir ce but naturel, n'ont-ils pas trop de toutes leurs facultés intellectuelles & de toute la circonſpection dont ils ſont capables. Je ne ſais donc s'ils ne garderoient point intérieurement, comme un tréſor dont il n'y a rien à perdre, rien à évaporer, toutes les penſées qui leur paſſent par la tête. Ce qu'il y a ſeulement de ſûr, c'eſt que ſi le langage des animaux eſt ſans idées, plus heureux en cela, non que les ſots, mais que bien des gens d'eſprit, leur conduite ne lui reſſemble pas. Nous faiſons le matin pour ainſi dire, une *toilette d'eſprit*, pour briller dans les feſtins & dans les cercles, & le ſoir nous faiſons une démarche, dont nous nous repentons souvent toute notre vie. L'homme, animal *imaginatif*, seroit-il donc plus fait pour avoir de l'esprit que de la raison !

Passons maintenant à la diversité des ames dans chaque genre, dans chaque espece, dans chaque individu : par-tout là, cette diversité se manifeste clairement, tant chez les brutes que chez nous. En effet, les ames n'ont pas toutes la même extraction, ni les mêmes talens : peu de noblesse, beaucoup de roture ; beaucoup de bassesses, peu de dignité & de grandeur ; voilà ce qui se remarque communément.

Vous croyez détruire la différence individuelle des ames dans chaque espece, parce que l'anatomie n'en découvre aucune dans les corps qu'elles habitent, à ce que vous dites ! mais par la raison même qu'on n'observeroit aucune variété (ce qui n'est pas) dans les cerveaux du singe, du bœuf, de l'âne, du chien, du chat, &c. plus les animaux different par leurs facultés, & plus il s'ensuit qu'elles ne sont point de la même trempe, ou de la même pâte. Du moins, si la même farine a été employée, elle n'a point été pétrie de la même façon, la dose ou la qualité du levain n'a point été par-tout précisément la même. Pardon, Tralles, si je parle métaphoriquement, je vois que c'est une lumiere qui ne se réfléchit point jusqu'aux commentateurs.

Prenez parmi tous les animaux ceux qui doivent avoir le plus d'esprit, selon M. Ariet, médecin de Montpellier, qui a poussé plus loin que personne l'anatomie comparée du cerveau, & je doute que sur mille, vous en trouviez deux qui jouent mieux aux échecs que le singe dont parle Pline, ou aussi bien de la guittare, que celui dont la Motte le Vayer fait mention, pour l'avoir vu dans Paris. On n'exige pas qu'ils en jouent aussi long-temps que Tralles : les plus beaux talens ennuient enfin.

Nous n'avons pas tous la même industrie, la même docilité, ni la même pénétration. De-là, la rareté du génie & la diversité des talens dans toute l'étendue du même regne. Mais si deux animaux aussi bien instruits & aussi propres à l'être l'un que l'autre, ne font pas exactement les mêmes progrès, il est évident qu'il y a dans les ames, comme dans les corps, une variété essentielle. Leur docilité auroit véritablement les mêmes succès, si leurs ames étoient précisément les mêmes. Certes nous serions témoins de bien d'autres prodiges, si l'excellence de la construction & de l'éducation suffisoit pour les opérer : & ceux qui sont chargés de la derniere, n'auroient pas si souvent à se plaindre de la premiere. Les esprits les mieux cultivés souvent restent loin en arriere, tandis que ceux qu'on néglige, marchent à pas de géant, se distinguent, & font, comme en jouant, l'admiration des connoisseurs. Le maître retire alors un honneur dû tout entier à la nature.

En général les esprits vifs ont beau jeu : ils font bien du chemin en peu de temps, & cela est vrai par-tout.

Poussons plus loin la considération de la diversité des ames, & ne restraignons point aux bêtes par orgueil, les richesses & la magnificence du créateur.

Quand on considere tout le manege de certains végétaux, comme ils se placent, se présentent, s'entortillent aux plantes voisines pour la conservation & la multiplication réciproque, on n'ose blâmer les anciens d'avoir libéralement accordé aux végétaux une sorte d'instinct, qui leur suggere les moyens les plus propres pour se conserver & perpétuer leur espece. C'est aussi ce que n'ont osé faire quelques savans botanistes. Pourquoi donc refuser à ces pauvres plantes ce qui leur est donné par des gens qui doivent les connoître, puisque ordinairement ils ne connoissent qu'elles ?

Non-seulement les plantes ont une ame, & une ame de leur fabrique, comme tous les corps dont les opérations régulieres nous étonnent ; mais il y a une vraie différence dans les ames végétales, ainsi que dans la double classe des ames animales.

Celui qui nie l'existence des ames végétales, n'a qu'à nier aussi celle des léthargiques.

Les différences essentielles dont il s'agit ici, s'observent & sont plus ou moins grandes dans les individus de chaque espece. Relatives aussi dans chaque genre & d'une espece à l'autre, elles sont si exactement graduées, qu'un auteur dont l'autorité ne peut être suspecte, car c'est un ministre du St. évangile, ne fait pas difficulté de nous révéler que l'ame humaine est à celle des bêtes, ce que l'ame des anges est à la nôtre. Ainsi, pour laisser l'*ame du monde*, dieu, du haut de ce trône de feu, où l'ont placé les alchymistes & les anciens Hébreux, regardant toutes les substances célestes qui l'environnent, comme l'impertinent Bouhours regarde un Allemand, rit de voir qu'un ange se croit de l'esprit, tout ange qu'il est; comme Voltaire, en lisant les jugemens de l'abbé Desfontaines & les vers de la Motte Houdart, de voir l'un s'ériger en Aristarque, & l'autre en poëte.

Qui pourroit nombrer la multitude immense des ames intermédiaires, qui se trouvent entre celles des plus simples végétaux, & l'homme de génie. Il brille à l'autre extrêmité. Apprécions cette étonnante variété, sur celle des corps; & je ne crois pas qu'à ce compte nous risquions de nous tromper beaucoup.

S'il y a de l'imbécillité dans l'espece humaine, & de l'esprit parmi les animaux; si dans le regne végétal le bon grain n'est point sans ivraie, le regne minéral n'est pas moins mélé, pas moins bigarré, que les deux autres. Comme il n'y a pas une feuille d'arbre, pas un grain de sable qui se ressemble, & que chaque corps a, pour ainsi dire, sa physionomie, il n'est point de minéral qui n'ait la sienne, & ne se distingue par quelque chose de celui qui a le plus d'affinité avec lui. Rien n'est pur dans l'univers, ni le feu, ni l'air, ni l'eau, ni la terre; comment n'y auroit-il pas beaucoup d'alliage, beaucoup d'ordures & de crudités dans les plus précieux métaux?

Mais que dirons-nous de cette action par laquelle certains fossiles se cherchent & s'attirent pour former, en s'unissant à leurs semblables, les masses les plus homogenes qu'il est possible; & certains se repoussent, & semblent ne pouvoir se souffrir. Qu'on se moque tant qu'on voudra des *qualités occultes*, de la *sympathie* & de l'*antipathie*, elles sont ici fortement marquées; les principes similaires & hétérogenes semblent les faire naître à chaque instant. Enfin n'y auroit-il point de minéraux parasites? L'analogie seroit-elle concluante? Cette espece n'est pas rare parmi nous.

Le moyen de n'être pas disposé, après cela, à accorder une ame, quoique du dernier ordre, à des corps qui croissent & décroissent, suivant les mêmes loix physiques que ceux des autres regnes.

Tout est donc plein d'ames dans l'univers. Il n'y a pas jusqu'aux huitres qui ne soient attachés aux rochers pour mieux passer leur vie, selon M. de Réaumur, à la contemplation des plus importantes vérités. Mais quelle fourmilliere dans chaque corps animé, si chacun étoit composé d'autant de petits animaux qu'il en faudroit pour former une chaîne, étendue depuis le bout des doigts jusqu'à l'ame, que leur mouvement successif avertiroit en rétrogradant de ce qui se passeroit au dehors. Ceux qui sont fort éloignés de croire qu'il soit démontré que la sensation se fasse par les nerfs, préféreroient-ils cette derniere hypothese?

Mais, dit-on, les pierres, les rochers, les métaux, &c. ne paroissent point sentir; donc ces corps ne sentent point. Belle conséquence! dans l'apoplexie parfaite, le cerveau & tous les nerfs brûlés, déchirés, sont aussi insensibles que le diamant & le caillou: l'ame y est encore cependant; ce *bel oiseau* ne s'envole qu'à la mort. N'y auroit-il pas par hasard dans les corps les plus simples un état qui seroit absolument & constamment semblable à celui d'un apoplectique? Les *monades* ont des *perceptions secretes*, dont la nature a fait confidence aux Leibnitiens.

Je n'ai rien négligé, me semble, pour prouver ma these, si ce n'est l'histoire tant de fois répétée de ces opérations animales, qui font crier au prodige tous ces pénétrans scrutateurs de la nature dont la terre est couverte.... Mais je me trompe, le plus solide arc-boutant manque à mon petit édifice; j'ai oublié les sillogismes & les argumens, dont les *spiritualistes* se servent pour prouver que la matiere est incapable de penser. J'en demande pardon aux gens d'esprit & de goût. Si cependant vous trouvez que vos freres ne sont pas mal rétablis dans les droits dont on les avoit injustement dépouillés, je croirai avoir rempli ma principale condition. Mon but n'étoit-il pas de faire voir que les animaux avoient une ame, & une ame immatérielle? Or c'est ce que je me flatte d'avoir démontré. J'avoue que cette frappante analogie qui se montre de toutes parts entre les animaux & nous, m'avoit fait trembler. Sans cette consolante vérité que j'ai découverte enfin, & pour laquelle j'éleve ici la voix, où en étions-nous, hélas! nous autres bonnes gens, qui en naissant, voulons bien naître, mais qui en mourant, ne voulons point mourir?

Ridiculum acri
Fortiùs ac meliùs magnas plerùmque secat res.

ANTI-SENEQUE,

OU

DISCOURS

SUR

LE BONHEUR.

Felix qui potuit rerum cognoscere causas,
Atque metus omnes & inexorabile fatum
Subjecit pedibus, strepitumque Acherontis avari!

Virg. Georg. L. IV.

DISCOURS SUR LE BONHEUR.

Les philosophes s'accordent sur le bonheur, comme sur tout le reste. Les uns le mettent en ce qu'il y a de plus sale et de plus impudent ; on les reconnoît à ce front cinique qui ne rougit jamais. Les autres le font consister dans la volupté, prise en divers sens ; tantôt c'est la volupté rafinée de l'amour : tantôt la même volupté, mais modérée, raisonnable, assujettie, non aux luxurieux caprices d'une imagination irritée, mais aux seuls besoins de la nature : ici, c'est la volupté de l'esprit attaché à la recherche, ou enchanté de la possession de la vérité ; là enfin c'est le contentement de l'esprit, le motif & la fin de toutes nos actions, auquel Epicure a donné encore le nom de volupté, nom dangereusement équivoque, qui est cause que ses disciples ont retiré de son école un fruit bien différent de celui que ce grand personnage avoit lieu d'en attendre. Quelques-uns ont mis le souverain bien dans toutes les perfections de l'esprit & du corps. L'honneur & la vertu le constituoient chez

Zénon. Séneque, le plus illustre des Stoïciens, y a ajouté la connoissance de la vérité, sans dire expressément quelle vérité.

Vivre tranquille, sans ambition, sans desir; user des richesses, & non en jouir; les conserver sans inquiétudes, les perdre sans regret, les gouverner, au lieu d'en être esclave; n'être troublé, ni ému par aucune passion, ou plutôt n'en point avoir; être content dans la misere, comme dans l'opulence: dans la douleur, comme dans le plaisir; avoir une ame forte & saine, dans un corps foible & malade; n'avoir ni crainte, ni frayeurs; se dépouiller de toute inquiétude, dédaigner le plaisir & la volupté; consentir d'avoir du plaisir comme d'être riche, sans rechercher ces agrémens; mépriser la vie même: enfin arriver à la vertu, par la connoissance de la vérité; voilà ce qui forme le souverain bien de Séneque & des Stoïcens en général, & la parfaite béatitude qui le suit.

Que nous serons Anti-Stoïciens! Ces philosophes sont séveres, tristes, durs; nous serons doux, gais, complaisans. Toutes ames, ils font abstraction de leur corps; tout corps, nous ferons abstraction de notre ame. Ils se montrent inaccessibles au plaisir & à la douleur, nous nous ferons gloire de sentir l'un & l'autre. S'évertuant au sublime, ils s'élevent au-dessus de tous les événemens, & ne se croient vraiment hommes, qu'autant qu'ils cessent de l'être. Nous, nous ne disposerons point de ce qui nous gouverne; nous ne commanderons point à nos sensations; avouant leur empire & notre esclavage, nous tâcherons de nous les rendre agréables, persuadés que c'est-là où gît le bonheur de la vie: & enfin nous nous croirons d'autant plus heureux, que nous serons plus hommes, ou plus dignes de l'etre; que nous sentirons la nature, l'humanité, & toutes les vertus sociales; nous n'en admettrons point d'autres, ni d'autre vie que celle-ci. D'où l'on voit que la chaîne des vérités nécessaires au bonheur sera plus courte que celle d'Hégésias, de Descartes, & de tant d'autres philosophes; que pour expliquer le mécanisme du bonheur, nous ne consulterons que la nature & la raison, les seuls astres capables de nous éclairer & de nous conduire, si nous ouvrons si bien notre ame à leurs rayons, qu'elle soit absolument fermée à tous ces miasmes empoisonnés, qui forment comme l'atmosphere du fanatisme & du préjugé. Entrons en matiere.

Nos organes sont susceptibles d'un sentiment ou d'une modification qui nous plait & nous fait aimer la vie. Si l'impression de ce sentiment est courte, c'est le plaisir; plus longue, c'est la volupté: permanente, on a le bonheur; c'est toujours la même sensation, qui ne differe que par sa durée & sa vivacité; j'ajoute ce mot, parce qu'il n'y a point de ſouverain bien ſi exquis, que le grand plaiſir de l'amour.

Plus ce ſentiment eſt durable, délicieux, flatteur, & nullement interrompu ou troublé, plus on eſt heureux.

Plus il eſt court & vif, plus il tient de la nature & du plaiſir.

Plus il eſt long & tranquille, plus il s'en éloigne & s'approche du bonheur.

Plus l'ame eſt inquiete, agitée, tourmentée, plus la félicité la fuit.

N'avoir ni craintes, ni deſirs, comme dit Séneque, c'eſt le bonheur privatif, en ce que l'ame eſt exempte de ce qui altere ſa tranquillité. Deſcartes veut qu'on ſache pourquoi on ne doit rien deſirer, ni craindre. Ces raiſons, que notre Stoïcien a sous-entendues, rendent ſans doute l'eſprit plus ferme, plus inébranlable; mais pourvu qu'on ne craigne rien, qu'importe que ce ſoit par vertu de machine ou de philoſophie.

Avoir tout à ſouhait, heureuſe organiſation, beauté, eſprit, graces, talens, honneurs, richeſſes, ſanté, plaiſirs, gloire, tel eſt le bonheur réel & parfait.

Il ſuit de tous ces aphoriſmes, que tout ce qui produit, entretient, nourrit, ou excite le ſentiment inné du bien-être, devient par conſéquent cauſe du bonheur; & par cette raiſon, pour en ouvrir la

carriere,

carriere, il suffit, ce me semble, d'exposer toutes les causes qui nous donnent une agréable circulation, et par elle, d'heureuses perceptions. Elles sont internes & externes, ou intrinseques & accessoires.

Les causes internes ou intrinseques, qui passent pour dépendre de nous, n'en dépendent point. Elles appartiennent à l'organisation & à l'éducation, qui a, pour ainsi dire, plié notre ame, ou mortifié nos organes. Les autres viennent de la volupté, des richesses, des sciences, des dignités, de la réputation, &c.

Le bonheur qui dépend de l'organisation est le plus constant & le plus difficile à ébranler; il a besoin de peu d'alimens, c'est le plus beau présent de la nature. Le malheur qui vient de la meme source est sans remede, si ce n'est quelques palliatifs fort incertains.

Le bonheur de l'éducation consiste à suivre les sentimens qu'elle nous a inspirés, & qui s'effacent à peine. L'ame s'y laisse entraîner avec plaisir; la pente est douce, & le chemin bien frayé; il lui est violent d'y résister; cependant son chef-d'œuvre est de vaincre cette pente, de dissiper les préjugés de l'enfance, & d'epurer l'ame au flambeau de la raison. Tel est le bonheur réservé aux philosophes.

On peut être heureux, j'en conviens, en ne faisant point ce qui donne des remords; mais par-là on s'abstient souvent de ce qui fait plaisir, de ce que demande la nature, de ce qui la fait souffrir, si on est sourd à sa voix; on s'abstient de mille choses qu'on ne peut s'empêcher de desirer & d'aimer. Ce n'est ici qu'un bonheur d'enfant, fruit d'une éducation mal entendue, & d'une imagination préoccupée: au lieu qu'en ne se privant point de mille agrémens & de mille douceurs, qui, sans faire tort à personne, font grand bien à ceux qui les goûtent; sachant que c'est pure puérilité de se repentir du plaisir qu'on a eu, on aura le bonheur réel ou positif, félicité raisonnable, qui ne sera corrompue par aucuns remords.

Pour proscrire ces perturbateurs du genre humain, il suffira de les expliquer. On verra qu'il est aussi avantageux que facile de soulager la société d'un fardeau qui l'opprime: que les vertus de son institution suffisent à son entretien, à sa sureté & à son bonheur: qu'il n'y a qu'une vérité qu'il importe aux hommes de savoir; vérité vis-à-vis de laquelle toutes les autres ne sont que frivolités ou jeux d'esprit plus ou moins difficiles. Dans ce systême fondé sur la nature & la raison, le bonheur sera pour les ignorans & pour les pauvres, comme pour les savans & les riches: il y en aura pour tous les états; & qui plus est, ce qui va révolter les esprits prévenus, pour les méchans comme pour les bons.

Les causes internes du bonheur sont propres & individuelles à l'homme; c'est pourquoi elles doivent avoir le pas sur les causes externes qui lui sont étrangeres, & qui pour cette raison occuperont la plus courte & la derniere place de cet ouvrage. Il est naturel à l'homme de sentir, parce que c'est un corps animé; mais il ne lui est pas plus naturel d'être savant & vertueux, que richement vêtu. La vérité, la vertu, la science, tout ce qui s'apprend & vient du dehors, supposant donc le sentiment déjà formé dans l'homme qu'on instruit, je ne dois parler de ces brillans avantages, qu'après avoir examiné si ce sentiment nu & sans aucun ornement ne pourroit pas faire la félicité de l'homme: ensuite viendront après tous ceux de la gloire, de la fortune & de la volupté.

Ce qui me persuade de la vérité de ce que je viens de mettre en question, c'est que je vois tant d'ignorans heureux, par leur ignorance même & leurs prejugés. S'ils n'ont point les plaisirs que donne à l'amour-propre la découverte de la plus stérile vérité, tout est compensé; ils n'ont point les peines & les chagrins que donnent les plus importantes. Que ce soit la terre qui tourne, ou le soleil, ils ne s'en inquietent point; loin de s'embarrasser du cours de la nature, ils la laissent aller au hasard, & vont eux-mêmes rondement & gaiement leur petit train avec le bâton d'aveugle qui les conduit. Ils mangent, boivent, dorment, végetent avec plaisir. Trompés à leur profit, loin d'avoir des frayeurs, s'ils vivent en honnêtes gens, ils se repaissent l'imagination d'agréables idées qui les consolent de mourir. Le gain qu'on leur promet, quoique chimérique, fait que la perte n'a pour eux presque rien de réel. Est assez habile qui est assez heureux.

Pour approfondir ce sujet, on me permettra de me livrer à quelques réflexions. Toutes choses égales, les uns sont plus sujets à la joie, à la vanité, à la colere, à la mélancolie, & aux remords même, que les autres. D'où cela vient-il, si ce n'est de cette disposition particuliere des organes, qui produit la manie, l'imbécillité, la vivacité, la lenteur, la tranquillité, la pénétration, &c.? Or, c'est parmi tous ces effets de la structure du corps humain, que j'ose ranger le bonheur organique. Il a été donné à ces heureux mortels, qui, pour l'être, n'ont besoin que de sentir; à ces heureux tempéramens, ces béats, dont on parle tous les jours, dont telle est la constitution, que le chagrin, l'infortune, la maladie, les douleurs médiocres, la perte de ce qu'on a de plus cher, tout ce qui afflige les autres enfin, glisse sur leur ame qui se laisse à peine effleurer. Le même concours fortuit, la même circulation, le même jeu des ſolides & des fluides, qui fait l'heureux génie & l'eſprit borné, fait auſſi le ſentiment qui nous rend heureux ou malheureux. Le bonheur n'a point d'autre ſource, comme nous l'enſeigne l'uniformité de la nature. Que la prédilection eſt ici remarquable! celui qu'elle a favoriſé juſqu'à ce point, content du plus petit néceſſaire, ne ſe ſouvient pas plus qu'il a nagé; que dis-je? qu'il s'eſt noyé dans le ſuperflu; & ſi la fortune revient, prodigue par tempérament, quand le tempérament ſuffit au bonheur, il regardera encore l'argent comme les feuilles que le vent fait tomber; le ſable ne coulera pas plus aiſément de ſes mains: tandis que l'avare croit qu'on en aura plus de deux pour le voler, & gémit lorſque ſon coffre-fort n'eſt qu'à moitié plein. Rien ne trouble un homme auſſi-bien conſtruit. Patient & tranquille; autant qu'il eſt poſſible dans la douleur, elle a peine à le déranger de ſon aſſiette. Jugez s'il eſt ferme dans l'adverſité! Il rit de voir combien la fortune eſt dupe d'avoir cru le chagriner! Il ſe joue d'elle comme Pyrrhonien de la vérité. J'en ai vus de ces heureux caracteres, qui étoient même quelquefois de meilleure humeur, malades que ſains, pauvres que riches; & ces changemens de ſenſations doivent encore être rejetés ſur ceux des organes, dont ils dépendent viſiblement. La maladie produit tous les jours aux yeux des médecins de bien plus ſurprenantes métamorphoſes ; elle change l'homme d'eſprit en ſot qui n'en releve jamais, & éleve le ſot à la qualité d'immortel génie. Rien n'eſt bizarre pour la nature ; c'eſt nous qui le ſommes de l'en accuſer.

Rien ne prouve mieux qu'il eſt un bonheur de tempérament, que tous ces heureux imbécilles que chacun connoît, tandis que tant de gens d'eſprit ſont malheureux. Il ſemble que l'eſprit donne la torture au ſentiment. De plus, les animaux viennent à l'appui de ce ſyſtême. Lorſqu'ils ſont en bonne ſanté, & que leurs appétits ſont ſatisfaits, ils goûtent le ſentiment agréable attaché à cette ſatisfaction, & par conſéquent cette eſpece eſt heureuſe à ſa maniere. Séneque le nie en vain. Il ſe fonde ſur ce qu'ils n'ont pas la connoiſſance intellectuelle du bonheur, comme ſi les idées métaphyſiques influoient ſur le bien-être, & que la réflexion lui fût néceſſaire. Combien d'hommes ſtupides, qu'on ſoupçonne moins de réfléchir qu'un animal, parfaitement heureux ! La réflexion augmente le ſentiment, mais elle ne le donne pas plus que la volupté ne fait naître le plaiſir. Hélas ! doit-on s'applaudir de cette faculté ? Elle vient tous les jours, & s'exerce pour ainſi dire ſi à contre-ſens, qu'elle écraſe le ſentiment & déchire tout. Je ſais que, lorſqu'on eſt heureux par elle, & qu'elle ſe trouve, comme dans le droit de fil des ſenſations, on l'eſt davantage ; le ſentiment eſt excité par cette ſorte d'aiguillon : mais en fait de *malheur*, pris dans mon ſens ordinaire, quel droit plus cruel & plus funeſte ! C'eſt le poiſon de la vie. La réflexion eſt ſouvent preſque un remord. Au contraire, un homme que ſon inſtinct rend content, l'eſt toujours, ſans ſavoir ni comment, ni pourquoi, & il l'eſt à peu de frais. Il n'en a pas plus coûté pour faire cette machine, que celle d'un animal : tandis qu'il y en a une infinité d'autres, pour la félicité deſquelles la fortune, la renommée, l'amour & la nature ſe ſont en vain épuiſées ; malheureuſes à grands frais, parce qu'elles ſont inquietes, impatientes, avares, jalouſes, orgueilleuſes, eſclaves de mille paſſions : on diroit, ou que le ſentiment ne leur a été donné que pour les vexer, ou que leur génie ne leur eſt venu que pour tourmenter & dépraver leur ſentiment. Confirmons notre idée par de nouvelles preuves.

Certains remedes ne ſont-ils pas encore une preuve de ce bonheur que j'appelle organique, automatique ou naturel, parce que l'ame n'y entre pour rien, & qu'elle n'en tire aucun mérite, en ce qu'il eſt indépendant de ſa volonté. Je veux parler de ces états doux & tranquilles que donne l'opium, dans leſquels on voudroit demeurer toute une éternité, vrai paradis de l'ame, s'ils étoient permanens : états bienheureux, qui n'ont cependant d'autre origine que la paiſible égalité de la circulation, & une détente douce & à moitié paralytique des fibres ſolides. Quelle merveille opere un ſeul grain de ſuc narcotique, ajouté au ſang, & coulant avec lui dans les vaiſſeaux ! Par quelle magie nous communique-t-il plus de bonheur que tous les traites des philoſophes ? Et quel ſeroit le ſort d'un homme qui ſeroit organiſé toute ſa vie, comme il l'eſt, tant que ce divin remede agit ! qu'il ſeroit heureux !

Les rêves, qui n'ont pas beſoin d'opium pour être ſouvent fort agréables, confirment la même choſe. Comme un objet aimé ſe peint mieux abſent que préſent, parce que la réalité offre à l'imagination des bornes qu'elle ne connoît plus, lorſqu'elle eſt abandonnée à elle-même, pour la même raiſon les peintures ſont plus vives, quand on dort, que quand on veille. L'ame que rien ne diſtrait alors, toute livrée au tumulte interne des ſens, goûte mieux, & à plus longs traits, des plaiſirs qui la pénetrent. Réciproquement elle eſt auſſi plus alarmée & plus effrayée par les ſpectres qui ſe forment la nuit dans le cerveau, & qui ne ſont jamais ſi affreux, lorſqu'on veille, parce que les objets du dehors les ont bientôt écartés : ſonges noirs, auxquels ſont principalement ſujets ceux qui s'accoutument durant le jour à n'avoir que des idées triſtes, lugubres ou ſiniſtres, au lieu de les chaſſer, autant qu'il est possible. Descartes se felicite, dans ses lettres, de n'avoir pas la nuit des idées plus fâcheuses que le jour.

Vous voyez que l'illusion même, soit qu'elle soit produite par les médicamens, ou par des rêves, est la caûse réelle de notre bonheur ou malheur machinal : ensorte que, si j'avois à choisir d'être malheureux la nuit & heureux le jour, le choix m'embarrasseroit ; car que m'importe en quel état soit mon corps, lorsque je suis mécontent, inquiet, chagrin, désolé. Si dans l'incube, il n'y a point de fardeau sur ma poitrine, mon ame a-t-elle moins le *cochemar?* & quoique ces objets charmans, qui me procurent un rêve délicieux, ne soient point avec moi, je n'en suis pas moins avec eux, je n'en ressens pas moins les mêmes plaisirs que s'ils étoient présens. On a les mêmes avantages dans le délire & la folie, qui en est un. Souvent c'est rendre un mauvais service, que de guérir ces maladies ; c'est troubler un songe agréable, & présenter la triste perspective de la pauvreté à un homme qui ne voyoit que richesses & vaisseaux à lui appartenans. Saine ou malade, éveillée ou endormie, l'imagination peut donc rendre content.

Le sentiment qui nous affecte agréablement ou désagréablement, n'a donc pas besoin de l'action des sens externes pour faire le plaisir ou le désagrément de la vie. Il suffit que les sens internes, plus ou moins ouverts ou éveillés, livrent mon ſentiment à leur chaos d'idées, ſans l'étouffer, & donnent, pour ainſi dire, à mon ame, la comédie où la tragédie, les ſenſations de volupté ou de douleur.

Mais la veille même eſt-elle bien certainement autre choſe qu'un rêve moins confus & mieux arrangé, en ce qu'il eſt plus conforme à la nature & à l'ordre des premieres idées qu'on a reçues ? La raiſon de l'homme pourroit-elle bien ne pas toujours rêver, elle qui nous trompe ſi ſouvent, & qui n'eſt pas même maîtreſſe, comme dit Montagne, de faire vouloir à ſa volonté ce qu'elle voudroit.

Si tant de rêves, comme on n'en peut douter, lorſqu'on a quelque connoiſſance de l'économie animale, ſont des veilles imparfaites, ſans contredit il y a une infinité de veilles qui ne ſont que des ſonges incomplets. On réfléchit ſouvent, endormi comme éveillé, & quelquefois mieux. Il y a des ſots qui ont beaucoup d'eſprit en rêve; le prédicateur déclame, le poëte fait des vers, Morphée vaut un Apollon. Tel eſt le pouvoir de l'habitude de penſer. Mais dans la veille encore, on ſe ſurprend ſans ceſſe ſi bien rêvant, que, ſi cet état duroit un ſiecle; c'eſt un ſiecle qu'on auroit paſſé à n'imaginer rien. Nous reſſemblons à ces chiens qui n'écoutent, que lorſqu'ils dreſſent les oreilles.

Sans l'attention qui lie les idées semblables, ou celles qui ont coutume d'aller ensemble, elles marchent pêle-mêle, & galoppent si vîte & si légerement qu'on ne les sent pas plus qu'on ne les distingue : c'est encore comme en certains rêves accompagnés de trop de sommeil, on n'en retient rien.

Tel est l'empire des sensations. Elles ne peuvent jamais nous tromper, elles ne sont jamais fausses par rapport à nous, dans le sein même de l'illusion, puisqu'elles nous représentent & nous font sentir nous-mêmes à nous-mêmes, tels que nous sommes *actu*, ou au moment même que nous les éprouvons : tristes ou gais, contens ou mécontens, selon qu'elles affectent tout notre être en tant que sensitif, ou plutôt le constituent lui-même.

D'où il s'ensuit 1°. que, soit que la vie soit un songe ou qu'il y ait quelque réalité, il en résulte le même effet, par rapport au bien & au mal-être. 2°. Contre Descartes, qu'une désavantageuse réalité ne vaut pas une de ces illusions charmantes, dont parle Fontenelle dans ses églogues, qui servent à *réparer le défaut des vrais biens que la natute avare n'a pas accordés aux humains.*

Si la nature nous trompe à notre profit, qu'elle nous trompe toujours. Servons-nous de la raison même pour nous égarer, si nous pouvons en être plus heureux. Qui a trouvé le bonheur, a tout trouvé.

Mais qui a trouvé le bonheur, ne l'a point cherché. On ne cherche point ce qu'on a, & si on ne l'a point, on ne l'aura jamais. La philosophie fait sonner bien haut des avantages qu'elle doit à la nature. Séneque étoit malheureux, en écrivant même sur le bonheur. Il est vrai qu'il étoit Stoïcien; & un Stoïcien n'a pas plus de sentiment qu'un lépreux.

Autre conséquence de tout ce qui a été dit: l'esprit, le savoir, la raison sont le plus souvent inutiles à la félicité, & quelquefois funestes & meurtriers; ce sont des ornemens étrangers, dont l'ame peut se passer, & elle me paroît toute consolée de ne les point avoir dans la plupart des hommes qui souvent les méprisent & les dédaignent; contens du plaisir de sentir, ils ne se tourmentent point au fatigant métier de penser. Le bonheur semble tout vivifié, tout consommé par le sentiment. La nature en donnant par-là à tous les hommes le même droit, la même prétention à la béatitude, les attache tous à la vie & leur fait chérir leur existence.

Est-ce à dire qu'il n'y a absolument point à compter sur la raison, & que (si le bonheur dépend de la vérité) nous courons tous par divers chemins après une félicité imaginaire, comme un malade après des mouches ou des papillons? Non, rien moins que cela; si la raison nous trompe, c'est lorſqu'elle veut nous conduire, moins par elle-même que par ſes préjugés; mais c'eſt un bon guide, quand la nature eſt le ſien. Alors l'expérience & l'obſervation portant le flambeau, on pourra marcher d'un pas ferme dans ce chemin équivoque, dans ce labyrinthe tortueux, dédale humain, qui a mille avenues & mille portes d'entrée, & à peine une de ſortie; on pourra ne pas toujours s'égarer, & élever une partie de ſon bonheur ſur le débris des préjugés.

De toutes les eſpeces de bonheur, je préfere celle qui ſe développe avec nos organes, & ſemble ſe trouver, plus ou moins, comme la force, dans tous les corps animés. Je n'ai point aſſez d'amour-propre pour être dupe; mais l'organiſation n'étant pas de la plus excellente fabrique, peut ſe modifier par l'éducation, & prendre dans cette ſource les propriétés qu'elle n'a pas en ſoi. Si elle ne vaut rien, comme la bonne en devient meilleure, il faut eſpérer qu'elle en ſera moins mauvaiſe. Ne négligeons point le mérite étranger; il ajoute au naturel qui ne nous a pas été prodigué; il diminue le démérite de nos organes, comme fait l'eſprit dans une femme laide. Il faut toujours tendre à la perfection, ſuivant le noble ſyſtême d'Ariſtote. Toutes choſes égales, n'eſt-il pas vrai que le ſavant, avec plus de lumieres, ſera plus heureux que l'ignorant?

Puisque ce qui peut s'acquérir a une si grande liaison avec notre bien-être, tâchons de rendre notre éducation parfaite. C'est déjà une perfection, que de connoître une ou mille vérités stériles, & qui ne nous importent pas plus que toutes ces plantes inutiles dont la terre est couverte; mais c'est un bonheur, lorsque cette vérité peut tranquilliser notre ame; en nous délivrant de toute inquiétude d'esprit, & ne nous laissant que celles du corps, plus aisées à satisfaire. La tranquillité de l'ame, voilà le but d'un homme sage. Séneque l'estimoit si fort, qu'il en a exprès donné un long traité.

Faisons donc tout ce qui peut nous procurer ce doux repos, & tâchons de le procurer aux autres. Disons-le à haute voix, à la face des Pyrrhoniens, réparons ce que nous croyons supprimé par Séneque dans une sublime (1) définition qu'il nous a *enfin* donnée du bonheur : oui, il est une vérité utile & frappante, c'est que le sein de la nature qui nous a produit, nous attend tous; il est nécessaire que nous retournions au lieu d'où nous sommes venus. Si Séneque n'avoit pas eu à cœur cette grande vérité, (dont on trouve par-tout des traces claires & nullement équivoques dans ses

(1) Celui-là est heureux, qui par raison ne craint, ni ne désire.

ouvrages) il n'auroit pas conseillé la mort, non-seulement aux malheureux, mais à ceux qui étoient plongés dans la volupté, supposé qu'ils ne pussent s'y soustraire autrement. S'il ne dit point, comme Lucrece, que la mort ne nous regarde en rien, parce qu'elle n'est point encore, lorsque nous sommes, & que nous ne sommes plus lorsqu'elle est, c'est que dans tous les temps les plus reculés, l'entiere destruction de notre être étoit une vérité reçue, & si triviale parmi les philosophes, qu'un Stoïcien pouvoit bien se dispenser & comme dédaigner de rassurer les esprits à cet égard. Cicéron nomme celui qui s'avisa le premier de croire que notre ame étoit immortelle.

Quoique notre illustre Stoïcien eût peut-être mieux fait de dire quelle vérité importoit au bonheur de la vie, en rendant notre esprit tranquille sur l'avenir, Descartes ne m'en paroît pas moins avoir mal interprété son silence, en ne l'interprétant point. L'ai-je justifié, en l'expliquant ?

Quoi qu'il en soit, dans un siecle aussi éclairé que le nôtre, où la nature est si connue, qu'à ce sujet elle ne nous laisse rien à désirer, il est enfin démontré par mille preuves sans replique, qu'il n'y a qu'une vie & qu'une félicité. La premiere condition du bonheur est de sentir, & la mort nous ôte tout sentiment. La fausse philosophie peut, comme la théologie, nous promettre un bonheur éternel, & nous berçant de belles chimeres, nous y conduire aux dépens de nos jours, ou de nos plaisirs. La vraie, bien différente & plus sage, n'admet qu'une félicité temporelle, elle seme les roses & les fleurs sur nos pas, & nous apprend à les cueillir.

Telles sont les justes bornes dans lesquelles la sagesse sait se renfermer & contenir ses vœux & ses desirs.

Je sais que Descartes dit que l'immortalité de l'ame est une de ces vérités, dont la connoissance est requise pour faciliter l'usage de la vertu & le chemin du bonheur. Mais alors il ne parle point en philosophe: & comme il avoue que le souverain bien n'est point une matiere qu'il aime à traiter, il est facile de voir que la prudence de l'auteur est proportionnée à la délicatesse du sujet. Il pouvoit craindre la publication de ses *lettres*, & en conséquence ces bons chrétiens qui ne cherchoient que la cruelle occasion de le perdre, comme tous ceux qui osent s'opposer à leurs opinions aveugles & despotiques. Lisez ses excellentes lettres, pour voir toutes les inquiétudes & tous les chagrins que la saine théologie lui a fait essuyer, & tout ce qu'elle a remué pour empêcher ce grand homme d'établir sa philosophie, à laquelle, toute hypothétique qu'elle est, l'esprit humain devra tous les progrès qu'il qu'il fera à jamais dans les expériences même, dont elle a fait sentir la néceſſité.

Mais où l'on reconnoît enfin celui qui a regardé les animaux comme de pures machines, imaginant bien que l'homme leur feroit un jour comparé par des génies plus médiocres & plus hardis ; c'eſt lorſqu'il dit qu'on n'a aucune aſſurance ſur l'immortalité de l'ame, ſi ce n'eſt dans la *fauſſe philoſophie d'Hegéſias* : ce ſont ſes termes. Il ajoute que le livre de ce philoſophe fût défendu par Ptolomée, parce que pluſieurs, ennuyés des miſeres de cette vie, qu'il exagéroit, s'étoient tués, après l'avoir lu, pour ſe dépêcher moins encore d'en ſortir, que pour aller goûter dans l'autre monde les félicités éternelles dont il *leurroit* ſes lecteurs : ce qui fait voir, 1°. la mode des opinions, tantôt bien & tantôt mal accueillies en différens ſiecles ; 2°. le danger de celles qu'on croit les plus vertueuſes, les plus ſaintes, & les plus capables de ſoutenir l'humanité dans les peines de la vie, & même de nous rendre heureux & riches du moins en belles eſpérances. Je vois par la lecture que les meilleurs eſprits, généralement reconnus pout tels, n'ont jamais peſé dans la même balance les avantages que procurent les deux opinions contraires. Rien de plus miſérable & de plus à plaindre qu'un eſprit qui s'inquiete & ſe tourmente pour les choſes futures, ſelon Séneque : car n'ayant point de certitude qu'elles feront au gré de fes defirs, elles peuvent leur être tout-à-fait contraires. Delà par conféquent à quelle fâcheufe incertitude n'eft-on pas fans ceffe livré ? Pour une idée riante, combien d'idées triftes, & de frayeurs cruelles ! Au contraire dans notre opinion, fi on n'a pas les rofes phantaftiques que donne un beau fonge, du moins eft-on exempt des épines réelles qui l'accompagnent. Enfin, tout bien confidéré, fe borner au préfent, qui feul eft en notre pouvoir, c'eft un parti digne du fage; nuls inconvéniens, nulles inquiétudes de l'avenir dans ce fyftème. Uniquement occupé à bien remplir le cercle étroit de la vie, on fe trouve d'autant plus heureux, qu'on vit non-feulement pour foi, mais pour fa patrie, pour fon roi, & en général pour l'humanité, qu'on fe fait gloire de fervir. On fait le bonheur de la fociété, avec le fien propre. Toutes les vertus confiftent à bien mériter d'elle, comme nous allons l'expliquer.

Que d'autres s'élevent fur les aîles du Stoïcifme (s'il lui en refte encore) jufqu'au haut de ce roc efcarpé, où Héfiode a bâti un temple fublime à la vertu, toujours piqué des ronces dont le chemin eft hériffé, fans les fentir, & toujours cotoyant un précipice, fans y tomber; ils pourront bien donner le nom à quelque fecte, comme Icare donna le fien aux mers où il tomba : mais plus ils s'éloigneront de la nature, fans laquelle la morale

& la philosophie sont également étranges, plus ils s'éloigneront de la vertu. Ce n'est point aux philosophes qu'elle a été réservée. Tout esprit de parti, toute secte, tout fanatisme lui tourne le dos. Elle a été donnée, ou plutôt enseignée à tous les hommes. Soyons hommes seulement, & nous serons vertueux. Rentrons en nous-mêmes, & nous y trouverons la vertu : ce n'est point aux temples, c'est dans notre cœur qu'elle habite. Ce n'est point je ne sais quelle loi naturelle que la nature méconnoît, ce sont les plus sages des hommes qui l'y ont gravée; & en ont jeté les plus utiles fondemens.

En général les hommes sont nés méchans; sans l'éducation, il y en auroit peu de bons; & encore avec ce secours, y en a-t-il beaucoup plus des uns que des autres. Tel est le vice de la conformation humaine. L'éducation seule a donc amélioré l'organisation; c'est elle qui a tourné les hommes au profit & à l'avantage des hommes; elle les a montés, comme une horloge, au ton qui pût servir, au degré le plus utile. Telle est l'origine de la vertu : le bien public en est la source.

Ecoutons un philosophe. « Les rois ont leurs » vertus & leur justice; elles ont d'autres limites » que chez les particuliers. Dieu donna toujours » le droit, où il donna la force. Les voies les

» plus injustes en apparence, deviennent justes, » lorsqu'un prince les croit telles; comme celles » qui semblent justes ne le sont pas, lorsqu'il croit » faire injustice. L'intention fait tout ».

Voilà à-peu-près, si je m'en souviens bien, ce que j'ai lu dans les *lettres* de Descartes.

Si de l'image des dieux, on remonte aux dieux même, on aura une grande idée de leur justice, & de la solidité de leurs décrets. Si de là on descend à celle des peuples qui suivent aveuglément ce qu'ils trouvent reçu, & n'examinent rien, que n'en pourra-t-on pas penser?

Si chacun eût pu vivre seul & uniquement pour soi, il y auroit eu des hommes & point d'humanité, des vices, ou soi-disant tels, & point de remords. Il n'y a point *d'animalité*, pour employer ce mot dans un sens barbare, entre les animaux qui n'ont qu'un commerce de passions *vulgivagues*.

La nécessité des liaisons de la vie a donc été celle de l'établissement des vertus & des vices, dont l'origine est par conséquent d'institution politique; car sans eux, sans ce fondement solide, quoique imaginé, l'édifice ne pouvoit se soutenir & tomboit en ruine. Nous pouvons dire des vertus, ainsi envisagées, ce que Zénon disoit des vices, qu'elles sont toutes égales. Mais l'honneur & la gloire, séduisans phantômes, ont été nommés pour servir de cortege à la vertu qu'ils excitent. Le mépris, l'opprobre, la crainte, l'ignominie, les remords, sont attachés aux vices pour les poursuivre, les effrayer, & leur servir de furie. Enfin on a remué l'imagination des hommes, & par-là on a tiré parti de leur sentiment, & ce qui en soi n'est que chimere, devient par relation un bien réel, à moins qu'on n'excepte l'amour-propre attaché aux belles actions même secretes; plus flatté, lorsqu'elles sont publiques; cat c'est en cela que consistent l'honneur, la gloire, la réputation, l'estime, la considération & autres termes qui n'expriment que les jugemens d'autrui qui nous sont favorables & nous font plaisir. Au reste la convention, un prix arbitraire fait tout le mérite & le démérite de ce qu'on appelle vice & vertu.

Quoiqu'il n'y ait point de vertu proprement dite, ou absolue, ce mot ne formant comme tant d'autres qu'un vain son, il en est donc de relatives à la société, dont elles sont à la fois l'ornement & l'appui. Qui les possede au plus haut degré, est le plus heureux de cette espece de bonheur qui appartient à la vertu. Ceux qui la négligent & ne connoissent point le plaisir d'être utiles, sont privés de cette sorte de felicité. Peut-être, tant la nature se suffit, sont-ils dédommagés de ne point vivre pour les autres, par la satisfaction qu'ils ont de vivre pour eux seuls, & d'être à eux-mêmes leurs parens, leurs amis, leur maîtresse & tout l'univers. Ceux-là, se trouvant malheureux dans la vie, ne se soucieront pas de la conserver, uniquement parce qu'elle est aussi utile à leur famille, qu'elle leur est à charge, & comme je l'ai vu, la plus funeste ambition leur fera chercher la mort.

Le bonheur de l'homme augmente aux yeux des personnes bien nées, par le partage & la communication. On s'enrichit en quelque sorte du bien qu'on fait, on participe à la joie qu'on procure. Il étoit digne de l'homme que cela fût ainsi. Il ne suffisoit pas que la vertu fût la beauté de l'ame; il falloit, pour nous exciter à faire usage de cette beauté, que l'ame fût flattée d'être belle, & surtout, d'être trouvée telle, & qu'elle y trouvât du plaisir; comme une jolie femme, qui aime la flatterie & les caresses d'amour, à cause de la vanité & de la volupté qui les suit, forcée d'ailleurs de s'aimer par l'image même de ses charmes; ou plutôt semblable à cette coquette d'*Alcibiade*, qui dit qu'elle aimeroit mieux « être moins aimable, & » rencontrer quelqu'un qui lui fit compliment ». Qu'importe qu'une femme soit laide, si elle passe pour jolie; qu'un homme soit bien sot, s'il passe pour avoir de l'esprit; qu'un homme soit vicieux, s'il passe pour vertueux? Ne dit-on pas tous les jours en fait de galanterie, que la prudence & la circonspection suffisent; qu'il vaudroit mieux qu'on en soupçonnât moins, & qu'on en fît davantage? on est heureux par l'opinion d'autrui, comme par la sienne propre. La vanité rend plus de services à l'homme, que l'amour-propre le plus juste & le mieux réglé; demandez-le à cette foule de mauvais auteurs, qui pesent leur mérite dans la balance de leurs libraires.

Personifions la vertu. L'honneur est le diamant qu'elle porte au doigt : amans vils, ce n'est point elle qu'on aime, c'est son brillant qu'on voudroit avoir, sans passer par sa rude étamine, & cette fortune arrive en effet fort souvent à ceux qui en sont le moins dignes. C'est une vieille laide, qu'on recherche pour le lustre qui pend à ses oreilles, ou pour son argent qu'il faut gagner. Tels sont les charmes de cette reine du sage, de cette belle par excellence, de cette divinité Stoïcienne!

La vertu encore, si vous voulez, tandis que mon auteur me met en goût de faire des comparaisons (dieu me préserve d'en faire d'aussi sérieusement comiques (1) qu'il en fait quelquefois), la vertu, dis-je, sera l'arbre, dont on se soucie peu, qu'on

(1) Séneque compare une définition plus ou moins étendue, à une armée qui occupe plus ou moins de terrein.

regarde à peine, & qu'on ne cherche qu'à cause de son ombre; ombre singuliere, en ce qu'elle répond ordinairement fort mal au corps qui la produit; tantôt trop grande, tantôt trop petite, suivant que le vent soufflant ou en proue, ou en poupe, la contracte, ou la disperse. Enfin nous sommes pour la plupart de vrais petits maîtres en fait de vertu; les faveurs qu'elle nous accorde, ne sont rien, si elles ne font du bruit. Presque personne ne veut avoir un mérite obscur & inconnu; on fait tout pour la gloire; Aristote la regarde comme le premier des biens externes; Horace dit que la vertu cachée est presque nulle : Cicéron eût dit la même chose, s'il eût osé; il a fait sonner sa vertu aussi haut que son eloquence : pourquoi? pour en retirer cette gloire, dont il étoit si avide. Il y a peu de vertus dont on ne fasse parade. Peu de Carnéades font le bien pour le bien, & même aux dépens de leur propre fortune; peu de gens estiment d'autant plus la vertu, qu'elle est plus cachée, & d'autant moins, qu'elle a dejà transpiré. Ainsi quoique Carnéades ait été chef d'une opinion contraire à celle de Chrysippe & de Diogene, qui pour acquérir toute la gloire du monde, n'auroient pas daigné seulement *étendre le doigt*, il paroît que, tout bien examiné, il n'a pas moins méprisé la gloire que ces philosophes; (j'entends la vaine gloire qui vient du suffrage des hommes, ſi on peut appeler *vaine*, une paſſion qui conduit aux plus belles choſes) & qu'il a parfaitement connu le vrai mérite, en confondant la gloire avec la vertu, & dédaignant le plaiſir de l'exercer pour un autre but qu'elle-même. Si c'eſt là un raffinement d'amour-propre, & que le mépris même de la vanité en marque l'excès, (comme en effet la modeſtie eſt ſouvent un orgueil déguiſé) c'eſt dans cette étrange & belle vanité que je place la perfection de la vertu, & la plus noble cauſe de l'héroïſme. S'il eſt délicat de ſe juger ſoi-même, à cauſe des pieges que nous tend l'amour-propre; il n'eſt pas moins beau d'être forcé de s'eſtimer, lors même qu'on eſt mépriſé par les autres. C'eſt par ſoi, plutôt que par autrui, que doit venir le bonheur. Il eſt grand d'avoir à ſon ſervice la déeſſe aux cent bouches, de les réduire au ſilence, de leur défendre de s'ouvrir, d'en dédaigner l'encens, & d'être a ſoi-même ſa renommée. Qui ſeroit sûr qu'il vaut lui ſeul toute ſa ville, pourroit s'eſtimer & ſe reſpecter autant qu'il pourroit l'être par toute cette ville, & ne perdroit rien à tant d'applaudiſſemens mépriſés. Qu'ont au reſte de ſi flatteur la plupart des louanges, pour les briguer tant? Ceux qui les prodiguent, ſont ſi peu dignes de les donner, que ſouvent elles ne méritent pas la peine d'être entendues. Un homme d'un mérite ſupérieur, n'eſt obligé de les écouter, que comme un grand roi lit de mauvais vers faits à ſon éloge.

Qu'il me ſoit permis de tracer un petit tableau des vertus de la ſociété. Chacun a les ſiennes. Le médecin, par ſon art de conſerver les hommes, fait plus que s'il les créoit de nouveau. Le pere de famille éleve des enfans tendres & reconnoiſſans ; il leur donne une ſeconde vie, plus précieuſe que la premiere. L'époux, plein d'attentions & d'égards, ſe reſpecte dans ſa compagne, & tâche de lui faire une chaîne de fleurs. L'amant ne peut jamais trop ſentir ce que fait pour lui une maîtreſſe qui ne lui doit rien, & lui ſacrifie tout. Le véritable ami, complaiſant ſans baſſeſſe, vrai ſans dureté, prudent, diſcret, obligeant, défend ſon ami, lui donne de bons conſeils, & n'en reçoit point d'autres.

Il eſt des vertus de tous les états. Le citoyen fidele & zélé fait des vœux pour ſa patrie & pour ſon prince. L'officier brave & éclairé conduit le ſoldat intrépide & feroce. Le moraliſte ſenſé fournit de bons préceptes puiſés dans la nature. L'hiſtorien nous offre les plus grands exemples de l'antiquité la plus reculée. La volupté, ce charme de la vie, coule des plumes qu'elle anime. Le comique répand le ſel avec la joie : l'un excite l'eſprit, qu'il pique avec plaiſir ; l'autre eſt le bien des cœurs qu'il dilate. Enfin le tragique, le romancier, &c. font naître ces fentimens de tendreffe & de grandeur, que le poëte tranfporté éleve jufqu'à l'enthoufiafme.

Sentir le mérite, en eft un : le récompenfer eft divin.

Rois, imitez le Salomon du nord. Soyez les héros de l'humanité, comme vous en êtes les chefs. Defcendre à la qualité de Mécènes, c'eft s'élever. Le courage des ames eft autant au-deffus de celui des corps, que la guerre des fciences eft au-deffus de celle des armes. Soutenez ce courage qui fait la gloire d'un état : l'autre n'en fait que la fûreté. La protection fait fur le génie, ce que le foleil fait fur la rofe, qu'il épanouit.

Vous, philofophes, fecondez-moi ; ofez dire la vérité, & que l'enfance ne foit pas l'âge éternel de l'homme. Ne craignons point la haine des hommes, ne craignons que de la mériter. Voilà notre vertu. Tout ce qui eft utile à la fociété, en eft une, le refte eft fon phantôme. V. *l'effai fur le mérite & la vertu*, de Mr. D.

Où en fommes-nous, s'écrient les théologiens, s'il n'y a en foi ni vices, ni vertus, ni bien, ni mal moral, ni jufte, ni injufte ? Si tout eft arbitraire, & fait de main d'hommes, pourquoi ces remords, dont on eft déchiré à la fuite d'une mauvaife action ? Otera-t-on la feule vertu qui reste aux criminels, comme dit V.... dans *Sémiramis* ?

Laissons déclamer les ignorans & les fanatiques, & entrons tranquillement dans cette nouvelle carriere, où la meilleure philosophie, celle des médecins, nous conduit.

Rétrogradons vers notre enfance; nous n'avons que trop peu de pas à faire pour cela, & nous trouverons qu'elle est l'époque des remords. D'abord ce n'étoit qu'un simple sentiment, reçu sans examen & sans choix, & qui s'est aussi fortement gravé dans le cerveau, qu'un cachet dans une cire molle. La passion, maîtresse souveraine de la volonté, peut bien étouffer ce sentiment pour un temps; mais il renaît, quand elle cesse, & sur-tout lorsque l'ame, rendue à elle-même, réfléchit de sens froid; car alors les premiers principes qui forment la conscience, ceux dont elle a été imbue, reviennent, & c'est ce qu'on appelle remords, dont les effets varient à l'infini.

Le remord n'est donc qu'une fâcheuse réminiscence, qu'une ancienne habitude de sentir, qui reprend le dessus. C'est, si l'on veut, une trace qui se renouvelle, & par conséquent un vieux préjugé que la volupté & les passions n'endorment point si bien, qu'il ne se réveille presque toujours tôt ou tard. L'homme porte ainsi en soi-même le plus grand de ses ennemis. Il le suit par-tout, &

comme Boileau le dit du chagrin, d'après Horace, il *monte en croupe & galoppe avec lui.* Heureusement ce cruel ennemi n'est pas toujours vainqueur. Toute autre habitude, ou plus longue, ou plus forte, doit le vaincre nécessairement. Le sentier le mieux frayé s'efface; comme on ferme un chemin, ou comble un précipice. Autre éducation, autre cours des esprits, autres traces dominantes, autres sentimens enfin, qui ne peuvent pénétrer notre ame, sans s'élever sur les débris des premiers, qu'un nouveau mécanisme abolit.

Voici maintenant des faits incontestables. Ceux qui sur mer, prêts à mourir de faim, mangent celui de leurs compagnons que le sort sacrifie, n'en ont pas plus de remords, que les antropophages. Telle est l'habitude, telle est la nécessité, par qui tout est permis.

Autre religion, autres remords : autre temps, autres mœurs. Lycurgue faisoit jetter à l'eau les enfans foibles & mal sains, en s'applaudissant de la sagesse. Voyez sa vie dans Plutarque, elle seule vous fournira en détail la preuve de ce que j'avance en gros. Vous verrez qu'on ne connoissoit à Sparte, ni pudeur, ni vol, ni adultere, &c. Ailleurs les femmes étoient communes & *vulgivagues*, comme les chiennes ; ici elles étoient livrées par le mari au premier beau garçon bien fait. Autrefois les femmes seules rougissoient d'avoir leurs adorateurs pour rivaux, tandis que ceux-ci triomphoient en méprisant l'amour & les graces. Un fléau de l'humanité, plus terrible que tous les vices ensemble, & qui n'est suivi d'aucun repentir, c'est le carnage de la guerre. Ainsi l'a voulu l'ambition des princes. Tant la conscience qui produit ce repentir, est fille des préjugés !

Et cependant cet excellent sujet, qui, emporté par un premier mouvement, a assommé un mauvais citoyen, ou qui s'abandonne à une passion dont il n'est pas le maitre; cet homme, dis-je, du plus rare mérite, est tourmenté par des remords qu'il n'eût point eu, s'il eût tué un adversaire en brave, ou si un prêtre légitimant sa tendresse, lui eût donné le droit de faire ce que fait toute la nature. Ah! si les graces sont faites pour sauver d'illustres malheureux, si en certains cas leur usage est plus auguste & plus royal, comme Descartes l'insinue, que la rigueur des loix n'est terrible; la plus essentielle, à mon avis, est de l'exempter de remords. L'homme, sur-tout l'honnête homme, seroit-il fait pour être livré à des bourreaux, lui que la nature a voulu attacher à la vie par tant d'attraits que détruit un art dépravé ? Non; je veux qu'il doive à la force de la raison ce que tant de scélérats doivent à la force de l'habitude. Pour un fripon qui cessera d'être malheureux, reprenant une paix & une tranquillité qu'il n'a pas méritées vis-à-vis des autres hommes, combien de ſages & vertueuſes perſonnes, mal-à-propos tourmentées dans le ſein d'une vie innocemment douce & délicieuſe, ſecouant enfin le joug d'une éducation trop onéreuſe, n'auront plus de beaux jours ſans nuage, & feront ſuccéder un plaiſir délicieux à l'ennui qui les dévoroit!

Connoiſſons mieux l'empire de l'organiſation. Sans la crainte des loix, nul méchant ne ſeroit retenu. Les remords ſont inutiles (ou du moins ce qui les fait) avant le crime; ils ne ſervent pas plus après, que pendant le crime. Le crime eſt fait quand ils paroiſſent: & il n'y a que ceux qui n'en ont pas beſoin, qui puiſſent en profiter. Le tourment des autres empêche rarement (ſi jamais) leur rechûte.

Si le remords nuit aux bons & à la vertu, dont il corrompt les fruits, & qu'il ne puiſſe ſervir de frein à la méchanceté, il eſt donc au moins inutile au genre humain. Il ſurcharge des machines auſſi à plaindre que mal réglées, entraînées vers le mal, comme les bons vers le bien, & ayant déjà trop par conſéquent de la frayeur des loix, dont le filet néceſſaire les prendra tôt ou tard. Si je les ſoulage de ce fardeau de la vie, elles en ſeront moins malheureuſes & non plus impunies. En ſeront-elles plus méchantes? Je ne le crois pas; car puiſque le remords ne les rend pas meilleures, il n'eſt pas dangereux pour la société de les en délivrer. La bonne philosophie se deshonoreroit en pure perte, en réalisant des spectres qui n'effrayent que les plus honnêtes gens, tant est simple, au lieu d'être ferme, la probité ! Pour eux, c'est un bonheur de plus, qu'un malheur de moins. Félicitons ceux-ci, plaignons les autres, que rien ne peut contenir : la nature les a traités plus en marâtre qu'en mere. Pour être heureux, il faudroit qu'ils eussent autant de philosophie que de certitude d'impunité. Puisque les remords sont un vain remede à nos maux, qu'ils troublent même les eaux les plus claires, sans clarifier les moins troubles, détruisons-les donc; qu'il n'y ait plus d'yvraie mêlée au bon grain de la vie, & que ce cruel poison soit chassé pour jamais. Ou je me trompe fort, ou cet antidote peut du moins le corriger. Nous sommes donc en droit de conclure que, si les joies puisées dans la nature & la raison, sont des crimes, le bonheur des hommes est d'être criminels.

Heu ! miseri, quorum gaudia crimen habent !

Telle est la nature réduite à elle-même & comme à son pur nécessaire; on croit lui faire beaucoup d'honneur, de vouloir la décorer d'une prétendue loi née avec elle, comme de tant d'autres idées acquises. Elle n'est point la dupe de cet honneur-là.

neur-là. Semblable à un bon bourgeois, qui préfere l'ancienneté de sa roture à une nouvelle noblesse, qui ne coûte que de l'argent, une ame bien organisée, contente de ce qu'elle est, & ne poussant pas ses vues plus loin, dédaigne tout ce qu'on lui accorde au-dessus de ce qui lui appartient en propre, & se réduit au sentiment. L'art de le manier, c'est le manege de l'éducation qui le donne. Les belles connoissances dont l'orgueil gratifie si libéralement notre ame, lui font plus de tort qu'elles ne lui donnent de mérite, en la privant de celui que leur acquisition suppose : car dans l'hypothese de la loi prétendue naturelle & des idées innées, l'ame apportant avec elle le discernement de mille choses, comme du bien & du mal, ressembleroit à ceux qui, favorisés par le hasard de la naissance, n'auroient point mérité leur noblesse.

Pour expliquer tant de lumieres qu'on a cru infuses, la nature ne paroissant pas suffire par elle-même à ceux qui la connoissent mal, ils ont imaginé plusieurs substances, & cherché, ce qui est absurde, l'intelligence de la raison dans de vrais êtres de raison, comme le prouve l'auteur de l'*histoire de l'ame*. Mais si les uns ont gratuitement fabriqué les idées innées, pour donner aux mots de vertu & de vice une espece d'assiette qui en imposât & les fît prendre pour des choses réelles, les autres ne sont pas plus fondés à donner des remords à tous les corps animés, en vertu d'une disposition particuliere, qui suffiroit dans les animaux, & qui, dans l'homme, feroit de moitié avec l'éducation : systême qui ne peut se soutenir, quand on considere seulement que, toutes choses égales, les uns sont plus sujets aux remords que les autres, & qu'ils changent & varient avec elle. Telle est l'erreur de l'auteur de l'*homme machine*. Ou il n'a pas si bien connu la nature des remords, que l'auteur d'un petit livre bien fait & bien écrit, attribué à M. de St.-Evremond : ou (ce dont je ne l'aurois pas soupçonné) il n'a pas osé s'armer contre tous les préjugés à la fois.

De même que le mal, le bien *a ses degrés*.

L'idée de la vertu nous a été si peu donnée avec l'être, qu'elle n'y est pas même stable, quand l'éducation & le temps ont développé & orné nos organes. C'est un oiseau sur la branche, toujours prêt à s'envoler. Le premier pli se fait aisément; l'organisation reprend machinalement ce que l'éducation semble lui avoir dérobé, comme si la perfection & l'art la gênoient. Qui ignore la contagion des mauvaises lectures, le danger des mauvaises compagnies? Un exemple pervers, une seule conversation louche détruit souvent les plus beaux regards de l'éducation, & la nature vicieuse s'applaudit de le redevenir. On diroit qu'elle s'en trouve plus à l'aise; qu'elle boite avec plaisir, comme s'il lui étoit violent ou douloureux de marcher droit, *ſi droit y a.*

Cette fragile inconſtance de la vertu la mieux acquiſe & la plus fortement enracinée, prouve non-ſeulement la néceſſité des bons exemples & des bons conſeils pour la ſoutenir; mais celle de flatter l'amour-propre par des louanges, des récompenſes ou des gratifications qui l'encouragent lui-même & l'excitent à la vertu. Sans quoi, à moins qu'on ne ſoit piqué par un certain point d'honneur, on aura beau exhorter, déclamer, haranguer: c'eſt un mauvais ſoldat qui déſertera. On dit avec raiſon qu'un homme qui mépriſe ſa vie peut détruire qui bon lui ſemble. Il en eſt de même d'un homme qui mépriſe ſon amour-propre. Adieu toutes les vertus, ſi l'on en vient à ce point d'indolence! la ſource en ſera néceſſairement tarie. L'amour-propre ſeul peut entretenir le goût qu'il a fait naître. Son défaut eſt beaucoup plus à craindre que ſon excès. La belle ſociété qui ne ſeroit compoſée que de Diogenes, de Chriſippes & autres fous ſemblables, que l'antiquité ne nous fait point tant révérer, que nous ne les trouvions dignes des petites maiſons!

Si la diſpoſition au mal eſt telle, qu'il eſt plus facile aux bons de devenir méchans, qu'à ceux-ci de s'améliorer, excuſons cette pente inhumaine de l'humanité. Ne perdons point de vue les entraves

& les fers que nous recevons en naiſſant, & qui nous ſuivent dans tout l'eſclavage de la vie. Voyez ces arbres plantés au haut & au pied d'une montagne ; les uns ſont petits, les autres ſont grands ; non-ſeulement ils different par leurs germes, mais par le terrein plus ou moins chaud où ils ſont plantés. L'homme végete, ſuivant les mêmes loix ; il tient du climat où il vit, comme du pere dont il eſt ſorti ; tous les élémens dominent cette foible machine ; elle ne penſe point dans un air humide & lourd, comme dans un air pur & ſec. Ainſi dépendant de tant de cauſes externes, & à plus forte raiſon de tant d'internes, comment pourrions-nous nous diſpenſer d'être ce que nous ſommes ? Comment pourrions-nous régler des reſſorts que nous ne connoiſſons pas ?

Mais qui le croiroit ? le bien-être eſt le motif même dans la méchanceté. Il conduit le perfide, le tyran, l'aſſaſſin, comme l'honnête homme. La volonté eſt néceſſairement déterminée à deſirer & chercher ce qui peut faire l'avantage actuel de l'ame & du corps : & comment, ſi ce n'eſt pas par ce qui la produit elle-même, je veux dire par la circulation, ſans laquelle il n'y a plus ni volonté, ni ſentiment. Lorſque je fais le bien ou le mal ; que vertueux le matin, je ſuis vicieux le ſoir, c'eſt mon ſang qui en eſt cauſe, c'eſt ce qui l'épaiſſit, l'arrête, le diſſout ou le précipite, comme lorſque, se faisant une route plutôt qu'une autre, les esprits qu'il a filtrés dans la moëlle de mon cerveau, pour être de là renvoyés dans tous les nerfs, me font tourner dans un parc, à droite plutôt qu'à gauche. Je crois cependant avoir choisi; je m'applaudis de ma liberté. Toutes nos actions les plus libres ressemblent à celle-là. Une détermination absolument nécessaire nous entraîne, & nous ne voulons point être esclaves. Que nous sommes fous! & fous d'autant plus malheureux, que nous nous reprochons sans cesse de n'avoir pas fait ce qu'il n'étoit pas en notre pouvoir de faire!

Mais puisque nous sommes machinalement portés à notre bien propre, & que nous naissons avec cette pente & cette invincible disposition, il s'ensuit que chaque individu, en se préferant à tout autre, comme font tant d'inutiles qui rampent sur la surface de la terre, ne fait en cela que suivre l'ordre de la nature, dans lequel il faudroit être bisarre & bien déraisonnable pour ne pas croire qu'il pût être heureux. Si ceux qui font le mal peuvent l'être, comme on n'en peut douter; si non-seulement ils sont sans remords, mais s'ils ne craignent point d'expier par les supplices la punition de leurs crimes; à plus forte raison ceux qui se contentent de ne pas faire le bien, ne se croyant point obligés de tenir une parole que d'autres ont donnée pour eux, pourront-ils avoir le bonheur, qui peut dépendre de leurs aises, & en général de leur façon de sentir. « Ou la raison se moque (comme dit fort bien » Montagne), ou elle ne doit viser qu'à notre » contentement, & tout son travail tendre en » somme à nous faire bien vivre, c'est-à-dire, à » notre aise. Toutes les opinions du monde en » sont-là, que le plaisir est notre but. Quelque » personnage que l'homme entreprenne, il joue » toujours le sien parmi; & dans la vertu même, » le dernier but de notre visée, c'est la volupté ». » Quel plus naïf, quel plus charmant Epicurien!

Le plaisir de l'ame étant la vraie source du bonheur, il est donc très-évident que par rapport à la félicité, le bien & le mal sont en soi fort indifférens; & que celui qui aura une plus grande satisfaction à faire le mal, sera plus heureux que quiconque en aura moins à faire le bien. Ce qui explique pourquoi tant de coquins sont heureux dans ce monde, & fait voir qu'il est un bonheur particulier & individuel qui se trouve, & sans vertu, & dans le crime même.

Une source de bonheur que je ne crois pas plus pure, pour être plus noble & plus belle dans l'esprit de presque tous les hommes, c'est celle qui écoule de l'ordre de la société. Plus la détermination naturelle de l'homme a paru vicieuse & comme monstrueuse par rapport à la société, plus on a cru devoir y rapporter différens correctifs. On a lié l'idée de générosité, de grandeur, d'humanité, aux actions importantes au commerce des hommes; on a donné de l'estime & de la considération à qui ne nuiroit jamais, quelque bien qui lui en pût arriver; du respect, des honneurs & de la gloire à qui serviroit la patrie, l'amitié, l'amour ou l'humanité, même à ses propres dépens; & par ces aiguillons, tant d'animaux à figure humaine sont devenus héros. Loin d'abandonner les hommes à leur propre nature, hélas! trop stérile pour leur faire porter du fruit, il a fallu les élever & les greffer en quelque sorte dans le temps que la séve pouvoit le mieux passer dans la branche qu'on leur entoit.

On voit que je ne me lasse point de revenir à l'éducation, qui seule peut nous donner des sentimens & un bonheur contraires à ceux que nous aurions eus sans elle. Tel est l'effet de la modification ou du changement qu'elle procure à notre instinct ou à notre façon de sentir. L'ame instruite ne veut, ne suit, ne fait plus ce qu'elle faisoit auparavant, lorsqu'elle n'étoit guidée que par elle. Eclairée par mille sensations nouvelles, elle trouve mauvais ce qu'elle trouvoit bon, elle loue en autrui ce qu'elle y blâmoit. Vraies girouettes, nous tournons donc sans-cesse au vent de l'éducation, & nous retournons ensuite à notre premier point, quand nos organes remis à leur ton naturel, nous rappellent à eux, & nous font suivre leurs dispositions primitives. Alors les anciennes déterminations renaissent; celles que l'art avoit produites s'effacent : on n'est pas même le maître de profiter de son éducation, autant qu'on le voudroit, pour le bien de la société.

Ce matérialisme mérite des égards : il doit être la source des indulgences, des excuses, des pardons, des graces, des éloges, de la modération dans les supplices, qu'on doit ordonner à regret, & des récompenses dûes à la vertu qu'on ne sauroit accorder de trop grand cœur. La vertu étant une espece de hors-d'œuvre, un ornement étranger, toujours prêt à fuir, ou tomber, faute d'appui : en tout cependant, l'intérêt public mérite d'être consulté, car il faut bien tuer les chiens enragés, & écraser les serpens.

On voit que toute la différence qu'il y a entre les méchans & les bons, c'est que chez les uns, l'intérêt particulier est préféré à l'intérêt général, tandis que les autres sacrifient leur bien propre à celui d'un autre ami ou du public.

Il me reste à ouvrir cette nouvelle source de vertu, qu'on appelle courage. Les cœurs foibles & lâches succombent sous le poids de l'adversité; les ames fortes & courageuses la supportent, & principalement celles qui sont éclairées, & joignent de salutaires études à une heureuse organisation.

Marchons donc ſans reprendre haleine, & tâchons de ne point broncher en ſi beau chemin.

L'ame a ſa commotion comme le corps; la fortune peut la bouleverſer à ſon gré; mais c'eſt une maladie qui n'eſt ni ſans médecins, ni ſans remedes; Epicure, Séneque, Epictete, Marc-Aurele, Montagne, voilà mes médecins dans l'adverſité: leur courage en eſt le remede. Vous ſavez qu'après une violente chûte, le ſentiment s'affaiſſe avec les fibres du cerveau; pour le relever, il faut rétablir par la ſaignée les reſſorts étouffés. Il en eſt de même ici. La force, la grandeur, l'héroïſme de ces écrivains paſſe dans l'ame étonnée; comme une eſpece de cardiaque qui la ſoutient & la reſtaure, pour ainſi dire, dans les foibleſſes de l'infortune.

Le ſtoïciſme tant raillé, tant décrié nous prête donc des armes victorieuſes; il nous offre une eſpece de rade, où nous pouvons radouber notre vaiſſeau battu par la tempête. Quelle meilleure bouſſole! Quel plus utile exercice! J'apprends à lutter: je deviens athlete avec ceux qui le ſont. Pour ne pas faire naufrage ou n'être pas terraſſé, il ne faut que ſe ſervir des muſcles de la raiſon. C'eſt par le courage qu'on peut ſortir vainqueur du combat. Telle eſt la reſſource des gens de lettres, interdite à ceux qui ne les cultivent point, & qui cede cependant à celle de tant d'ignorans bien organiſés, comme eût été, par exemple, Scaron, dont le tempérament seul faisoit la gaieté, indépendamment de toute littérature.

La nature a ses droits; on peut sentir, & même on le doit, non en lâche, ou comme le vulgaire; mais en homme de courage, ou en philosophe animé par tant de beaux exemples. Comme tel, je me suis soumis à l'adversité, en qualité d'homme, je l'ai sentie. Si le premier titre me fait honneur, le second ne me fait point rougir, *nihil humani à me alienum puto*. Que la disgrace revienne, dont me préservent, non les dieux inutiles au monde, mais le plus grand des rois; je la sentirai encore, mais je la supporterai. Elle est le creuset, ou *l'accoucheuse* de la vertu, comme dit l'aimable auteur des *lettres sur les physionomies*.

Mais n'en étoit-elle pas quelquefois la peste, ou l'écueil? Hélas! dans quelles tristes & déplorables extrêmités nous réduisent la pauvreté, la misere, la douleur, les fers! L'horreur & le désespoir marchent à leur suite; l'ame avilie, sans courage, n'a plus d'espoir, plus de prétentions qu'à la mort. Rarement la differe-t elle, sans se reprocher, ou sa lâcheté, ou les préjugés qui la retiennent: regardant le néant comme un bien, parce que son être est un mal, elle se fait un devoir de s'y précipiter. Sans doute c'est violer la nature, que de la conserver pour son propre tourment. J'ai vu les plus saints personnages, les plus fortes ames, forcées de desirer la mort, & leurs amis l'implorer pour eux. La triste destinée du grand Boerhaave en fait foi. Lorsque la vie est absolument sans aucun bien, & qu'au contraire elle est assiégée d'une foule de maux terribles, faut-il attendre une mort ignominieuse ?

Je ne prétends pas dire qu'on ne doive pas supporter la pauvreté & la douleur ; il faut se plier à la dureté des temps. Tous ces momens de courage (ou plutôt de fureur) tant vantés, ne viennent souvent que pour dispenser un lâche d'en avoir toute sa vie. Sophisme captieux, enthousiasme poëtique, petite grandeur d'ame, tout ce qui a été dit en faveur du suicide !

Voilà certes un grand courage & une ame bien forte dans les revers, qui ne peut supporter la pauvreté ! Et comment se peut-il que ceux qui ont montré tant de vigueur dans le sein des richesses, la perdent dans celui de la misere ? Et sur-tout que tel qui s'étoit élevé il n'y a qu'un moment au-dessus de l'humanité, pour qui la douleur & la pauvreté n'étoient point un mal, ne se souvenant plus de son systême, conseille le suicide ! « Tu pleures, dit mon Stoïcien, parce que le » pain te manque ! & que t'importe, puisque les » moyens de mourir ne te manquent pas ? pour » un moyen de venir au monde, la nature, qui ne » retient personne, t'en offre cent d'en sortir ».

Et un moment auparavant, on ne pouvoit être malheureux dans l'indigence avec de la vertu ! Je t'entends ; c'est que cette vertu consiste apparemment plus à secouer le joug, lorsqu'il est très-difficile à porter, qu'à le porter, lors même que cela ne coûte pas beaucoup de peine.

Faire parade d'un courage qui enfle nos ames, & s'arrête ainsi dans le plus beau chemin ! dire que la pauvreté & la maladie ne sont point des maux, & vouloir qu'on se tue pour s'en délivrer ! ce n'est pas la seule contradiction digne d'un bel esprit. Notre païen ne prétend-il pas encore que la principale affaire d'un philosophe, est d'apprendre tous les jours à mourir. Or c'est aller sur les brisées du christianisme. Lorsqu'on ne craint & ne croit pas même les suites de la mort, si on ne meurt pas toujours trop tôt, (car je ne vois pas qu'on ait rien de mieux à faire que de vivre) du moins ne doit-on pas plus desirer, que craindre le ciseau d'Atropos. Il faut lui laisser couper le fil, quand elle voudra, & ne point s'en mettre en peine; soit que cela se fasse machinalement, ou par raison, ou qu'on soit tellement emporté par le tourbillon des plaisirs, qu'on n'ait pas le temps d'y songer, il n'importe, pourvu qu'on n'ait aucune inquiétude. J'aime autant n'avoir jamais l'idée de la mort, si elle m'importune, ou m'effraie, comme elle effrayoit Cicéron, que l'honneur d'être en présence & de la braver. La faulx eſt levée pour tous les hommes ; je m'y ſoumets ; c'eſt au vulgaire à trembler ; il eſt auſſi ridicule à qui n'admet qu'une vie (qu'il trouve belle & bonne, s'il n'eſt pas hypocondriaque) de ſe préparer à recevoir le coup qu'il ne craint point, que de l'accélérer, lorſque la vie non-ſeulement eſt ſupportable, mais pleine d'agrémens.

Quelle folie de préférer la mort au plus délicieux train de vie ! de croire, que qui ne peut mener une vie ſolitaire & philoſophique, ne puiſſe être heureux, & doive en conſéquence quitter la vie, plutôt que de porter des chaînes de fleurs ! De bonne foi, Séneque a-t-il pu ſérieuſement conſeiller la mort à un ami auſſi puiſſant, auſſi élevé en dignités, auſſi riche & entouré de plaiſirs que Lucilius, à qui ſes lettres ſont adreſſées, ſous prétexte que tant d'honneurs & de voluptés ſont un trop petit fardeau ? Mais Montagne lui-même, qui a été ſi vivement frappé de ce goût ſurprenant pour la mort, n'eſt pas pardonnable, ce me ſemble, d'avoir cru, comme les Stoïciens, que la mort devoit faire la principale étude d'un philoſophe. C'eſt peut-être accuſer ſa peur, & comme dit cet auteur même, ſa *couardiſe*, que d'employer ſans-ceſſe tous les moyens de s'apprivoiſer avec la mort ; c'eſt afin de n'être pas ſi déconcerté quand elle paroîtra, ſemblable à un enfant qui auroit peur d'une ſouris, & à qui, pour le corriger de ce défaut, on la fera voir en peinture, chaque partie, l'une après l'autre, avant de risquer de lui montrer l'original. Mais devinez par qui notre aimable & judicieux Pyrrhonien a été entraîné dans ce piége? Par un homme qui dit que *la philosophie n'est rien, si elle n'est ornée;* plus déraisonnable en cela qu'un chymiste, qui diroit qu'il n'y a point de médecine sans la chymie. La philosophie bien réglée conduit à l'amour de la vie, dont nous éloigne son fanatisme (car elle a le sien); mais enfin elle apprend à mourir quand l'heure est venue.

Séneque, si inconséquent d'ailleurs, a su mourir quand il l'a fallu. Comme il avoit employé sa pénétration à voir de loin l'orage qui le menaçoit, & sa philosophie (alors bien placée) à en recevoir le coup; dès qu'il eut ordre de mourir, il choisit de sang-froid son genre de mort, & fit voir que, s'il avoit été homme durant sa vie, s'il avoit été attaché à ces grands biens, objets de la jalousie publique, & funestes présens du plus cruel des princes, il savoit tout quitter & rompre ses chaînes, comme un autre Samsom, pour périr en héros de sa secte. Autant (il l'insinue lui-même) il est honteux de se laisser traîner, au lieu de marcher, quand il faut obéir; autant il est beau de s'élever au-dessus de la mort par la grandeur du mépris. Il n'y a qu'une action que je trouve encore plus belle, c'est d'avoir le courage de supporter le fardeau de la vie & des revers, quand ce n'eſt pas pour ſoi ſeul qu'on vit.

Combien d'autres eſpeces de gloire ! Celles que donnent les armes, les ſciences, les beaux arts ! le beau champ à parcourir, pour qui voudroit s'étendre ! bornons-nous, craignons la ſtérile fécondité de tant d'écrivains.

Qui n'a de paſſion que pour les lettres, peut bien ſe contenter de la gloire qui les ſuit.

Je dis de ceux qui craignant de quitter le chemin battu, n'oſent s'écarter des opinions reçues & penſer autrement que les autres, ce qu'Horace dit des imitateurs, *ſervum pecus !* O vous que la démangeaiſon d'écrire tourmente, comme un démon, & qui pour un grain de réputation donneriez volontiers les mines du Pérou, laiſſez-là tout ce vil troupeau d'auteurs vulgaires, qui rampent à la ſuite des autres, ou dans la pouſſiere de l'érudition ; laiſſe-là ces faſtidieux ſavans dont les ouvrages peuvent aſſez bien être comparés à ces vaſtes landes triſtement uniformes ſans fleurs & ſans fin. Ou n'écrivez point, ou prenez un autre eſſor. Soyez libres & grands dans vos écrits comme dans vos actions ; montrez une ame élevée, indépendante. Cette voie eſt riſquable, je le ſais ; qui fait ſon étude de l'homme, doit s'attendre à avoir l'homme pour ennemi. Galilée fut enfermé dans les priſons de l'inquiſition pour avoir oſé penſer que la terre tournoit : exemple de la tyrannie ecclésiastique qui fit grande peur à Descartes. Mais si la gloire augmente avec le péril, le bonheur n'augmenteroit-il point avec la gloire ?

C'est ce que je ne décide point, pour ne pas séduire ceux qui habitent de moins heureuses contrées : car d'ailleurs je vois que la philosophie paroît à tous belle & bonne, mais que ce n'est pas pour ses beaux yeux, du moins pour l'ordinaire, qu'on lui fait la cour. Peu se sentent un certain génie, cette étoile du bonheur ou du malheur de notre vie, sans courir après la gloire ; spectre brillant, quand c'est la vérité qui l'enfante ; puissant quand c'est l'opinion, reine plus dominante & plus despotique. La renommée n'a point trop de ses cent bouches pour redire & publier les découvertes & les conquêtes faites dans l'empire de l'esprit. Elles sont le prix & la récompense de tous les travaux littéraires, qui sans cette flatteuse amorce seroient beaucoup plus rares & plus imparfaits. On penseroit pour soi, & non pour les autres, ou plutôt on penseroit moins, & on sentiroit davantage. Mais non : traitant la philosophie comme nos maîtresses, nous voudrions avoir l'univers pour confident des faveurs qu'elle nous accorde. Nous sommes donc philosophes, comme on a vu que nous sommes vertueux ; il y a plus de vanité que de curiosité & d'envie d'obliger dans nos études &

dans

dans les ſervices que nous rendons. Il étoit bien juſte de trouver en ſoi un ſentiment qui nous dédommageât de l'ingratitude & nous fit oublier tant de gens qui n'en ont point.

Qu'eſt-ce donc que cette réputation qui fait tant de bruit dans le monde, après laquelle on court, dès qu'on fait barbouiller du papier, & qu'on mépriſe autant, lorſqu'on ne peut l'atteindre, qu'on feint de la mépriſer lorſqu'on eſt célebre? Quelle eſt cette trompette, qui plus puiſſante que celle de Mars & de Bellone, élevant notre courage & nous étourdiſſant ſur les dangers, nous appelle à combattre par les ſeules armes de la raiſon, des ennemis vainqueurs de la raiſon & des temps? *verba & voces*, une vaine image, comme on l'a dit avant moi, un ſonge, l'ombre d'un ſonge, un écho, &c. Mais auſſi fous que les poëtes, & peut-être plus, les philoſophes métamorphoſent cet écho en nymphe, en nymphe charmante, que dis-je? en impérieuſe divinité: & c'eſt ainſi que notre pauvre imagination ſe repaît, comme la leur, de belles chimeres. Vrais Ixions, prendrons-nous toujours la nue pour Junon; le frivole pour l'utile; ce qu'il y a de plus ſtérile pour ce qu'il y a de plus fécond? Prendrons-nous toujours l'eſprit pour le ſentiment, & la vanité pour ce juſte amour-propre qui nous a été donné en partage? Nous laiſſons, je le dis dans un ſens bien différent de Séneque, nous dédaignons les plus grands biens, le plaisir de jouir à longs traits de nous-méme & des corps qui nous environnent, pour courir après des biens imaginaires, après des sons & des douceurs, si l'on peut donner ce nom à ce qui est mêlé de tant d'amertumes.

Sommes-nous dans ce monde pour chercher & goûter la célébrité ou les plaisirs de la vie ? Puisque le hasard nous y a jetés, je ne dirai point au préjudice de tant d'autres que mille causes empêchent tous les jours de sortir du néant, il paroît que le premier but, & le plus raisonnable, est d'y vivre tranquille, à l'aise & content. C'est une chose décidée, beaucoup mieux par la conduite de tous les hommes, que par toutes les opinions diverses de ceux d'entr'eux qui se sont érigés en précepteurs du genre-humain. Songer au corps avant que de songer à l'ame, c'est imiter la nature qui a fait l'un avant l'autre. Quel autre guide plus sûr ! N'est-ce pas à-la-fois suivre l'instinct des hommes & des animaux ? Disons plus & prêchons une doctrine que nous avons eu l'honneur de ne pas suivre : il ne faut cultiver son ame que pour procurer plus de commodités à son corps ; peut-être ne faut-il écrire, comme tant d'auteurs, que pour attraper ou l'argent des libraires, ou une estime encore plus lucrative. S'il est des causes finales, celle-ci en est une, & des plus sensées ; l'amour de la vie & du bien-être a évidemment des droits plus pressés que ceux de l'amour-propre; & comme le plaisir va devant l'honneur, pour qui a le goût bon, le pain est un aliment plus solide que la réputation.

Travaillons donc d'abord par nous l'assurer; c'est le meilleur parti qu'on puisse tirer du préjugé des hommes, assez simples pour croire qu'un savant vaut mieux qu'un ignorant. La gloire au reste viendra quand elle voudra. Que nous sommes vains & dupes, qui pis est, de nous sacrifier au chimérique honneur d'immortaliser les lettres de l'alphabet qui composent nos noms! Soyons meilleurs pilotes de la vie; que le sentiment seul nous serve de boussole, & nous ne ferons voile que vers le port de la liberté, de l'indépendance & du plaisir.

Encore un mot sur les dangers de la carriere où je suis entré: il est beau, je le veux, de pouvoir compter, non sur le suffrage de la postérité qu'on ne rencontre point, mais sur celui de quelques contemporains connoisseurs. Il est agréable de voir sa raison & ses lumieres croître & s'étendre sous les aîles de la philosophie & des muses; mais il y faut être en sûreté, & que la poule ne laisse pas prendre ses poussins, ou c'est être fou que de cultiver la sagesse. Aristote ne s'y fia pas plus que moi, & fit bien: la république d'Athenes, qui s'étoit déshonorée en condamnant à mort un homme qui valoit mieux qu'elle, n'eût pas rougi de se déshonorer une seconde & une troisieme fois. La politique qui a fait la honte, ne la connoît point. Descartes s'absenta aussi fort à propos, au moindre murmure de la mer théologique aisément en fureur. Prêt à jetter au feu un travail de 4 ans, combien n'a-t-il point craint que l'église (ce que je ne puis voir sans rire de sa simplicité) n'approuvât point ses opinions & ses conjectures physiques.

La gloire qui marche à la suite des muses, ne peut donc nous dédommager de la perte des biens du corps; c'est un bien trop étranger & trop loin de nous; pourquoi donc lui immole-t-on ce qu'on a de plus cher au monde? C'est que la vanité se l'approprie. Notre imagination enflée & comme bouffie par les éloges, fait passer l'estime d'autrui chez nous mêmes, où elle se change en si haute considération, que nous nous regardons comme des personnages de grande importance, & ne voyant en nous que matiere & forme, nous croyons cependant avoir non-seulement une ame; mais une ame d'une trempe particuliere, supérieure, & faite exprès pour nous. Delà viennent tous les avantages que l'esprit peut procurer au corps; car sans-doute les liqueurs circulent avec plus d'aisance, lorsque l'ame est agréablement affectée: & toutes choses égales, c'est-à-dire lorsque notre individu n'en souffre point, s'acquérir de la gloire eſt un plus grand bien que de n'en point avoir.

N'y auroit-il point plus de grandeur d'ame à la mépriſer? C'eſt ce qu'il faut demander aux Stoïciens. Voyez, diſent-ils, en levant d'orgueilleux ſourcils, voyez courir tous ces fous; la gloire eſt leur objet; ils cherchent l'eſtime publique, & nous la nôtre. Nous avons trop de vertu pour en faire parade. Nous verrons dans la ſuite que ces mêmes hommes ne mépriſent pas plus la réputation & l'honneur, que les richeſſes; qu'ils font tout pour en avoir. Je n'en voudrois pas d'autre preuve, que toutes ces recherches d'eſprit étudié, que Séneque montre dans ſes écrits, & notamment dans celui-ci dont j'ai adouci de mon mieux l'affectation.

Le mépris n'eſt pas plus un mal, que la louange n'eſt un bien. Mais nous ſommes aſſez dupes, encore une fois, pour tenir par l'imagination, à celle des autres, qui nous flatte, ou nous bleſſe par l'image agréable, ou déſagréable qui en réſulte dans le cerveau. Un diſcours choquant ou flatteur agit, comme un tableau beau ou laid, par le *bene* ou le *male placitum* des anciens. C'eſt pourquoi on dit: telle choſe fait honneur, telle autre n'en fait point. Honneur! ah! qu'on eſt ſot, qu'on eſt à plaindre, quand on n'eſt point philoſophe! & que bien des gens à qui on donne ce nom le méritent peu! Je voudrois bien ſavoir, ſi les idées que les

Indiens ont des Chinois & des François, les Turcs des chrétiens, & ceux-ci des Turcs, les touchent & les mortifient. Non, répondez-vous. Pourquoi donc ce qu'on dit, ou ce qu'on pense de vous, vous fait-il tant de peine? Medecins, pourquoi faites-vous des choses qu'on ne peut exposer aux yeux du public, sans vous faire rougir? Souffrez que je vous offre en moi-même un meilleur exemple à suivre.

La plus utile médisance vous met en fureur, parce que vous en êtes l'objet decrié: on me calomnie dans bien des libelles & notamment dans un extrait & un avis au lecteur qui ne mérite pas d'être autrement qualifié: & je ne sors pas de ma modération & de ma tranquillité naturelle. Un autre eût été furieux comme vous, à la lecture de l'avertissement des *pensées chrétiennes*: que n'eût-il pas fait pour détromper le public? Pour moi, qui sais à quoi m'en tenir, & qui n'apprendrois rien de nouveau à ceux qui me connoissent & qui savent mon histoire, j'ai bien voulu le lire une fois, mais sans prendre la peine de lui répondre. Ce qui n'est pas vrai, ne mérite pas qu'on s'en justifie. Piqués de mon silence, mes adversaires ont paru sous une autre forme: ils m'ont, dit-on, attaqué dans je ne sais quel volume de la bibliotheque raisonnée que je n'ai lu, ni ne veux lire, quoique je puisse le faire sans émotion. Enfin ils ont tout tenté, mais vainenient pour être tirés de l'obſcurité où sont condamnés des auteurs qui ſe mêlent de littérature, ſans en être plus inſtruits, que de ma conduite & de mes mœurs. Mais dans l'extrait dont je parle, je ſuis fort mal mené, m'écrivent mes amis d'Amſterdam. Je le crois bien, leur ai-je répondu, car j'y ſuis calomnié ; & moi qui n'ai que médit, pour jetter mes confreres en meilleur moule, je ne les ai pas moins mal menés. J'ai paſſé les bornes de la critique envers les autres, & on a paſſé envers moi les bornes de la médiſance: voilà à quoi ſe réduit tout le grand mal qu'on m'a fait. Je ſuis bien aiſe que mes ennemis ſoient plus coupables que moi.

Au reſte les opinions d'autrui ſont auſſi étrangeres à mon être, que ce qu'un autre ſent eſt different de ce que je ſens. A coup ſûr, celui qui me mépriſe, ne penſe pas comme moi ſur mon compte, & celui qui me loue, ne me loue peut-être pas tant que moi-même. Un connoiſſeur qui lit un ouvrage, en juge par la juſte balance, où il le peſe; l'auteur ſeule l'eſtime plus que ſon poids. Je m'arrête à ce dilemme, & les médecins auroient bien fait de s'y tenir auſſi. Ou les idées qu'on a de moi ſont vraies, ou elles ſont fauſſes. Si elles ſont vraies, c'eſt à moi de me corriger, ſuppoſé que je reconnoiſſe avoir tort. Si elles ſont fauſſes, *omnis homo mendax*, ce n'eſt qu'une erreur qui retombe fur celui qui la commet, & qu'il faut lui pardonner, fi elle eft involontaire ; comment le plaindre, s'il y a de la méchanceté, s'il ne cherche qu'à nuire, uniquement pour nuire, & fans qu'il en réfulte aucun bien? Je fuis une efpece fort finguliere ; j'ai plus ri de l'ignorance & des bévues de mes antagoniftes, que je ne me fuis fâché de leur acharnement. Je traite tout de même. Le chagrin, l'adverfité, les maux, les petites mortifications de la vie ne m'atteignent point ou fort peu. On crie, on déclame, & je ris. Tous les traits de la malignité & de l'envie ne percent point ce rempart de douceur, de gaieté, de patience, de tranquillité, d'humanité, en un mot de vertus, finon théologiques, du moins morales & politiques, que la nature m'a données, & que la philofophie a renforcées. Je me fuis vu battu par la tempête, mais comme un rocher: je le dis fans fonger que Séneque l'a dit avant moi. Enfin affez Stoïcien fur la douleur, fur les maladies, fur les calomnies, &c. je fuis peut-être trop Epicurien fur le plaifir, fur la fanté & les éloges. Si ce n'eft pas là ce qu'on appelle un heureux tempérament, qu'on me dife donc où il eft; car quoi de plus fortuné que de pouvoir fentir toujours la douce ardeur des rayons du foleil, fans être incommodé de l'ombre & du froid que donnent les nuages qui le couvrent !

Poursuivons notre chemin. Si le bonheur ne peut consister dans la gloire qui suit les lettres, le mettra-t-on dans le plaisir de les cultiver? Je ne le crois pas. Je sais que l'étude affecte immédiatement notre ame, ou en satisfaisant sa curiosité, ou par le charme du goût, d'images agréables, & de mille sentimens divers. Je sais que penser n'est qu'une maniere de sentir, qu'un sentiment en quelque sorte replié; & que par conséquent vaquer aux lectures et aux méditations qui nous rient, penser à des choses qui plaisent, c'est sentir presque sans cesse agréablement. Telle est la volupté de l'esprit, qui a excité dans l'auteur de *l'homme machine*, tous ces transports si dignement adressés, & je ne sais pourquoi si mal reçus. Mais n'outrons rien; il a fallu que l'homme fût non-seulement organisé, mais préparé de loin & par degrés à recevoir l'impression de cette volupté: nous n'en serions point susceptibles, sans l'éducation, dont la variété en met tant ici. Encore ne le sommes-nous pas fort long-temps. Un arc ne peut toujours être tendu; les cordes de violon détendues ne donnent plus de son sous l'archet: de même les muscles de l'ame venant à se relâcher, le plaisir diminue proportionnellement; les yeux se fatiguent, quand les ligamens ciliaires qui approchent le crystallin de l'uvée, sont las de se contracter. Voyez les nerfs les plus sensibles & les plus *érigibles* de tout le corps, ils ne peuvent plus se roidir après un seul commerce, ils ne sentent rien : plus morts que vifs, on peut bien dire avec Pétrone, *funerata est pars illa*, &c. en même temps la volonté ne veut plus ce qu'elle eût parié qu'elle voudroit. On se dégoûte de lire & d'écrire, par la même raison qu'on se dégoûte d'une femme. Comme le plaisir du commerce amoureux diminue, à mesure que le besoin & la passion décroissent ; le charme de l'étude, la première heure, est bien plus vif que quelques heures après. Je sens bien qu'il en est de la passion des lettres & des arts, comme de toute autre, qu'il faut satisfaire ou être malheureux. Je ne crains point les fers, ni la tyrannie, parce que l'esprit ne peut s'enchaîner : mais vif comme je suis, je serois fort à plaindre, si je n'avois ni livres, ni plumes, ni encre, ni papier. La liberté de satisfaire un goût dominant, ne suffit cependant pas, pour rendre heureux. Il y a trop d'autres vuides, trop d'autres besoins à remplir. Jugez du bien-être de ceux qui aiment si peu l'étude, qui s'appliquent à leur profession avec si peu de goût & de plaisir, que mille écus de rente leur en laisseroient à peine une étincelle ; pour ne rien dire de ces génies bornés, qui étudiant malgré Minerve, surchargent leur pauvre mémoire de mille faits, qui leur feroient perdre le jugement, s'ils en avoient : souvent forcés d'ailleurs de se dévouer tout entiers à des choses ingrates (& qui le sont encore mieux qu'eux); ils regardent les livres dont ils sont entourés, comme leurs plus cruels ennemis. Enfin quelle multitude innombrable d'heureux ignorans dont nous avons parlé, qui, s'ils n'ont point d'honneur, ou le plaisir d'acquérir de belles connoissances, & le goût de l'esprit, qui plus est, s'en vengent par le mépris, & ne croient pas valoir moins (tant s'en faut), parce qu'avec leur instinct ils ont fait fortune, tandis que les autres ont été conduits par l'esprit au précipice.

Concluons donc que ceux qui, comme Cicéron, Pline le jeune, l'auteur que j'ai nommé, &c. ont mis le bonheur, soit dans la volupté de l'esprit, soit dans la gloire qui marche à la suite des beaux arts, ont donné dans l'exagération & l'enthousiasme de leur goût, & ont ainsi fait deux fautes dans une; car non-seulement ils ont, contre toute logique, étendu & généralisé ce qui est borné & particulier, j'entends le plaisir de l'étude; mais ils ont à la fois borné ce qui a été si universellement accordé à toutes les créatures animées par l'adorable auteur qui les a faites, je veux dire la faculté d'être heureux, & de l'etre chacun à sa maniere & à sa fantaisie. *Trahit sua quemque voluptas.* Placer en général la félicité dans la culture des lettres, pour le plaisir qu'on en retire, c'est négliger les biens du monde & se moquer de la nature. Attacher le bonheur au char de la gloire & de la renommée, c'est le mettre, comme un enfant, dans un joujou, ou dans le bruit que fait une trompette.

Montrons le reste du tableau, & tirons tout-à-fait le rideau, derriere lequel est caché Séneque.

Tant de gens sont heureux sans richesses & sans volupté, ainsi que sans science & sans réputation & sur-tout dans le sein d'une obscure & tranquille médiocrité, qu'en plaçant si loin du bonheur, des biens que d'autres en ont mis si près, j'ai cru leur faire encore plus d'honneur qu'ils ne méritent.

Examinons donc la nouvelle corde qui se trouve à notre arc, sans nous laisser plus séduire par sa belle couleur d'or, que par toutes les bouches flatteuses de la renommée. Mais comme nous sommes sensibles à l'avantage d'être estimés, sans cependant vouloir désormais sacrifier notre tranquillité au plaisir de faire un vain bruit, ne soyons point aussi dupes de l'opinion de ceux qui ne font point assez de cas du plus puissant des dieux. Quel animal farouche seroit donc la vertu, ou la philosophie, si l'or ne l'apprivoisoit; si la pluie de Jupiter n'amollissoit sa dureté? Aussi Séneque, cet ennemi déclaré de ce qu'il aimoit tant, convient-il qu'il est aussi doux & agréable d'être riche, que de se promener en hiver dans une belle allée que le soleil échauffe ; mais par un contraste évident, qu'il paroît avoir exprès éludé, la pauvreté est l'ombre, où il fait froid. On a beau se pénétrer du souverain bien, & s'envelopper dans toute sa vertu ; ni la vertu, ni la philosophie, ne peuvent avec toutes leurs rames, nous conduire au port desiré. Pauvre manteau d'hiver, qui n'empêche pas le vent du nord de glacer l'ame, avec tout son courage !

Mais peut-être l'ame des Stoïciens habite-t-elle hors du corps, comme celle des Leibnitiens, sans être sujette aux loix imaginaires de la même harmonie ? D'ailleurs pour qui la douleur n'est point un mal, le froid qui en est un diminutif, ne seroit-il point un bien ?

Laissons Lucien railler, il seroit difficile d'imiter sa legereté ; Séneque convient que le sage peut & doit même consentir d'être riche ; c'est-à-dire qu'il ne fera point de bassesses pour le devenir, & qu'il n'aura point aussi à rougir d'avoir reçu les richesses à bras ouverts ; mais qu'il leur donnera une espece d'hospitalité, que les pauvres & d'illustres malheureux partageront avec elles. Il n'y a gueres qu'un homme de mérite, qui rende service à qui en a. C'est pourquoi le sage, ou quiconque sait user des richesses, soulagera les malheureux, excitera la vertu, encouragera les talens, relevera le mérite opprimé, & en un mot s'en servira, plus en économe, qu'en maître. Quelle différence d'un tel homme, à ces ames basses & triviales, que la fortune enorgueillit, infiniment flattés de ce qu'il y a de plus étranger & de moins flatteur, & qui ne partagent avec qui que ce soit les commodités qu'ils en reçoivent! Mais comme il n'y a qu'un fou, qui dissipe son bien au gré de ses caprices, dont la voix couvre celle de tant de misérables, il n'y a qu'un lâche qui s'en serve pour tourmenter les hommes, & qui trouve, comme le *Narcisse* de *Britannicus*, sa félicité dans les malheurs dont il est cause.

Faire le bien de la société, rendre les cœurs heureux de sa joie, c'est le devoir d'un homme riche. S'il ne s'en acquitte pas, s'il n'est point compatissant, libéral, s'il ne souffre point à la vue de tant de pauvres que le plus opulent ne peut soulager, le dépôt a été mal confié; il ne pouvoit être en de plus mauvaises mains.

Je ne desire point d'être riche, pour avoir chez moi une foule de flatteurs & de faux amis, qui sans un reste de mauvaise honte, ou plutôt de perfidie, me tourneroient le dos presque aussi vîte que la fortune: je ne voudrois posséder de grands biens, que pour jouir de cette belle prérogative, le plaisir d'obliger; la générosité seroit toute ma magnificence. Je ne mépriserois point les richesses, je saurois les dépenser & les distribuer. Je regarde l'avarice, comme la source de tous les vices. Et sans générosité, est-il quelque vertu?

Ma félicité n'est point d'avoir des chevaux, des couriers, des chiens, & tout cet amas de laquais pressés, dont le poids semble menacer d'enfoncer le derriere d'un carrosse. Tant d'animaux domestiques ne me sont point nécessaires. Je ne me crois point décoré d'avoir à ma porte un suisse menteur, qui refuse l'entrée à des créanciers, qu'un honnête homme ne doit point craindre, parce qu'il ne les a faits que pour les payer. Passe encore, si sa hallebarde & sa moustache, faisant peur à qui la fait à tous les autres, pouvoit empêcher la mort d'entrer! mais non; Horace l'a dit en latin, & Malherbe en françois:

Le pauvre en sa cabane, où le chaume le couvre,
est sujet à ses loix;
Et la garde qui veille aux barrieres du Louvre,
N'en défend pas nos rois.

Loin d'ici tout superflu. Le sage ne le connoît, que pour le mépriser. O! malheureux cent fois qui ajoute aux besoins de la nature, qui sont déjà en trop grand nombre, ceux que le faste ou la vanité lui fait! pour être heureux, si ce n'est point assez d'un nécessaire trop exact, du moins suffit-il de pouvoir dire : j'aime à vivre, parce qu'avec peu de choses je ne manque de rien. Socrate préféroit la mort à l'exil ; je n'ai pas jusqu'à ce point la *maladie du pays*. Je crois que la patrie & le bonheur peuvent aller ensemble, & sont en effet où l'on est bien. C'est une vérité dont on auroit peine à dissuader qui la sent avec une aussi vive reconnoissance que moi. Pourquoi faut-il qu'on soit réduit à desirer du moins la conservation de ce qu'on a ? Sans la crainte de le perdre, un philosophe seroit heureux. Mais enfin est-il de si beaux jours qui ne soient obscurcis par de petits nuages que les rayons de la plus belle espérance ont bien de la peine à dissiper ? Celui même qui vit de ses propres revenus, est-il sûr que son fermier sera toujours solvable.

Regardons la prospérité la mieux fondée en apparence, comme un calme auquel peut succéder la tempête. Le vaisseau périra, si tout ne se trouve prêt sur le champ pour jetter l'ancre, & la parer. Accoutumons-nous donc peu-à-peu à être moins attachés à ce qu'il sera très-incommode de ne pas avoir, afin de le regretter moins, quand véritablement nous aurons le malheur d'en être privés. Le fardeau est la moitié moins pesant, quand on s'est préparé à le porter. Ce que je dis de la pauvreté, je l'ai dit ci-devant de la vie, dont le joug est quelquefois bien

bien dur dans le ſein même des richeſſes & des grandeurs. C'eſt alors qu'il faut ſe munir de plus de force, pour ne pas céder à la facilité de briſer ſes liens. Il eſt moins glorieux de ſavoir mourir, que de ſavoir vivre dans les douleurs & les revers. Il y a d'ailleurs ſi peu d'occaſions d'acquérir cette gloire du dernier moment, qu'il vaut mieux apprendre à pouvoir vivre, qu'à oſer mourir. J'ai cru devoir revenir à un article auſſi intéreſſant pour la ſociété.

Qui eſt digne des faveurs de la fortune, peut bien l'être de celles de la nature, & par conſéquent de la volupté. La raiſon pour laquelle Sénèque ſe déclare ſi vivement contre elle, c'eſt qu'il prétend que le voluptueux ne peut être ni bon ami, ni bon ſoldat, ni bon citoyen, mais ſans raiſon. L'expérience le prouve. La volupté n'énerve pas toujours ſes favoris : on lui ſacrifie beaucoup, mais on ne lui ſacrifie pas tout; & quelque puiſſant que ſoit ſon empire, le devoir s'allie ſi bien au plaiſir dans une ame raiſonnable, que loin de ſe nuire, ils ſe prêtent des forces mutuelles. L'art de ſentir, de goûter, de perfectionner en quelque ſorte le plaiſir, eſt aſſez généralement accordé aux François, peut-être parce qu'on leur en fait un démérite. Cette nation ſi voluptueuſe cependant, en eſt-elle moins capable d'amitié ? L'amour de la patrie en eſt-il moins gravé dans ſon cœur ?

connoit-elle le danger, où l'honneur, où son roi l'appelle? la volupté d'Epicure n'est qu'une robe de femme sur un corps robuste, comme leur dit figurément notre auteur; ne puis-je pas dire dans le même sens, que nos seigneurs François portent le courage d'Hercule, dans les habits d'Omphale? Voltaire, & tous ceux qui connoissent la nation, ne me démentiront pas. Voici comment l'a peint ce beau génie:

Des courtisans François tel est le caractere,
Du sein de la mollesse ils courent aux hasards;
Vils flatteurs à la cour, héros aux champs de Mars.

Séneque ne défend pas absolument l'usage de la volupté. Vous connoissez ces bluets, image du vaudeville pour la durée, ornemens de Cérès, que le hasard des graines & des vents fait naître au milieu des bleds; la volupté, insinue-t-il, croît ainsi quelquefois sur les pas d'un homme vertueux; il peut la cueillir, lorsqu'elle se présente, sans qu'il la cherche, comme on cueille une fleur en passant. Suivant cette idée, la volupté seroit donc la fleur de la vertu, comme l'esprit du plaisir; elle germeroit dans son sein d'autant plus belle & plus pure, & plus *vierge*, si l'on me permet cette expression chymique.

Ce n'est pas tout-à-fait défendre l'usage d'une

fleur, que de permettre de la flairer : mais faut-il en respirer si négligemment la délicieuse odeur ? S'il est dans la volupté, comme dans toutes les plantes, une quintessence, ou comme dit Boerhaave, un esprit recteur, en prendre la fleur, la sentir avec nonchalance, ce n'est pas le moyen de goûter cet esprit ravissant. Le dédaigner, n'est-ce point une indolence coupable ? N'y a-t-il point une sorte d'inhumanité à laisser flétrir, qui pis est, une rose mieux employée à notre usage ? Laissons cette indifférence stoïque ; les bienfaits de la nature méritent des transports de tendresse & de reconnoissance que nos ingrats lui refusent.

Je ne prétends pas faire consister le bonheur dans la volupté ; car, quoique j'aye autrefois fait couler de ma plume toute l'ivresse qu'elle avoit répandue dans mes sens, me dégageant aujourd'hui des piéges de la Syrene, je souscris (par tempérament peut-être) à plus de modération, & veux que le besoin seul, ce pere du plaisir, l'appelle désormais, & sonne, pour ainsi m'exprimer, l'heure de ma volupté. Mais si les plaisirs des sens sont essentiellement trop courts & trop peu fréquens pour constituer un état aussi permanent que la félicité, regardons-les du moins comme des éclairs de bonheur, qui ne peuvent manquer, sans rendre les joies de la vie imparfaites & tronquées, & sans laisser tant de petites plaies, dont le cœur est souvent ulcéré, dans le besoin du seul baume qui les adoucit & les cicatrise.

Ne prenons point pour des besoins, les desirs d'une imagination qui aime à s'irriter ; il y aura moins de gourmands, moins d'ivrognes & moins de voluptueux ; mais donnons à la nature ce qui appartient à la nature. On boit quand on a soif, on mange quand on a faim. Or ici on éprouve quelquefois ce double effet de la même cause ; car quel homme n'a pas quelquefois faim & soif de certaines voluptés ? Faute de s'y livrer, combien de nuages & de mécontentemens s'élevent dans l'ame, que la volupté seule peut dissiper ? Je n'ignore pas que certains tempéramens foibles peuvent, ou plutôt doivent s'en priver, pour se bien porter, & mieux jouir des autres plaisirs ; mais d'ailleurs la volupté, prudemment conduite, est d'une aussi grande nécessité que les autres besoins, & la nature a employé les mêmes moyens pour faire naître celui-là. De-là vient que Celse, son commentateur Lommius, Venette, Boerhaave, & tous les plus graves philosophes & médecins, n'ont point fait difficulté de la recommander dans leurs écrits, & d'y donner de vraies & sages leçons d'amour. J'avois suivi moi-même leur exemple dans une lettre, qui terminoit celles que j'ai données *sur la santé* ; mais je ne sais quel scrupuleux censeur a jugé à propos d'en supprimer la seule copie que j'eusse, & qui contenoit Venette rajeuni (moins bien qu'il ne va paroître), avec le précis de tout ce que nos meilleurs auteurs nous ont laissé sur un sujet plus important qu'on ne pense.

Quoique le bonheur ne doive pas être placé en général dans la volupté des sens, il y a cependant des sens pour qui c'est un besoin si urgent, qui ont tellement faim & soif du coït, que sans cet acte vénérien, qu'il leur faut souvent répéter chaque jour, ils seroient malheureux, & fort à plaindre. Au contraire, donner une ample carriere à leur tempérament, ils sont heureux, non-seulement dans la volupté & par la volupté même, mais dans le sein de la débauche, de la folie & du désordre. Quelle preuve en demandez-vous? Leurs jours se coulent, presque sans qu'ils s'en apperçoivent, parce qu'ils sentent & ne réfléchissent point: toujours gais & contens, ils ne respirent que la joie, ils la portent par-tout. C'est, pour ainsi-dire, la monnoie courante de nos cœurs, c'est un substitut de l'esprit, plus agréable que l'esprit même, & plus à portée de tout le monde: comment ne seroit-il pas de toutes les fêtes & de tous les banquets? La joie est assise avec eux, elle rit aux convives, qu'elle réjouit; ils la font circuler dans les cercles, & en quelque sorte mousser, & boire à longs traits dans differens vins exquis. Cependant ils sont perdus de dettes & d'honneur. Tant il est vrai que la vertu & la probité sont choses étrangeres à la nature de notre être; ornemens & non fondemens de la félicité. Combien d'autres sont aussi vertueux qu'honnêtes, chastes, sobres & malheureux? Leur candeur, leur sagesse, leur humanité est à toute épreuve; mais ils n'en traînent pas moins après eux l'ennui de la solitude, la dureté de leur caractere & l'onéreux fardeau d'une raison qui ne se déride jamais: aussi durs & séveres, que graves & silencieux, aussi froids & tristes, qu'hommes sûrs & vrais; leur mélancolie, leur figure atrabilaire, font fuir les jeux & les ris déconcertés, effarouchés à leur aspect. On les respecte & on les fuit, c'est le sort de la vertu; tandis qu'on recherche avec empressement d'aimables vicieux qu'on méprise: c'est le sort de l'urbanité & des graces. L'art de plaire est un grand acheminement au bonheur. Ici les uns sont heureux en ne pensant pas plus qu'une P***, & en ne faisant pas plus de cas de la réputation. Là, le malheur des autres vient de trop penser, & à des objets noirs & lugubres, images tristes que la nature tire, comme un rideau, devant l'imagination bouchée. Quelle ressource ont ceux-ci? Quelques palliatifs d'un moment; le vin qui nuit ensuite; les compagnies, les spectacles, la dissipation, qui ne réussissent pas toujours. La société des personnes extrêmement joyeuses, afflige d'autant plus celles qui ne le sont pas. Ceux-là, direz-vous, ne sont capables que de goûter la volupté, & de se ménager les délices d'un doux prurit. Eh bien! en sont-ils moins heureux? Ne suivent-ils pas cet instinct & ce goût, par lequel chaque animal tend à son bien-être? N'ont-ils pas enfin la seule sorte de félicité qui soit réellement à la portée de leurs organes?

Il en est de même de tous les méchans. Ils peuvent être heureux, s'ils peuvent être méchans sans remords. J'ose dire plus; celui qui n'aura point de remords, dans une telle familiarité avec le crime, que les vices soient pour lui des vertus, sera plus heureux que tel autre, qui, après une belle action, se repentira de l'avoir faite, & par-là en perdra tout le prix. Tel est le merveilleux empire d'une tranquillité que rien ne peut troubler.

O toi! qu'on appelle communément malheureux, & qui l'est en effet vis-à-vis de la société, devant toi-même, tu peux donc être tranquille. Tu n'as qu'à étouffer les remords par la réflexion (si elle en a la force), ou par des habitudes contraires, beaucoup plus puissantes. Si tu eusses été élevé sans les idées qui en font la base, tu n'aurois point eu ces ennemis à combattre. Ce n'est pas tout, il faut que tu méprises la vie autant que l'estime ou la haine publique. Alors en effet, je le soutiens, parricide, incestueux, voleur, scélérat, infame,

& juste objet de l'exécration des honnêtes gens, tu feras heureux cependant. Car quel malheur ou quel chagrin peuvent causer des actions qui, si noires & si horribles qu'on les suppose, ne laisseroient (suivant l'hypothese) aucune trace de crime dans l'ame du criminel. Mais si tu veux vivre, prends-y garde : la politique n'est pas si commode que ma philosophie. La *justice* est sa fille ; les bourreaux & les gibets sont à ses ordres : crains-les plus que ta conscience & les dieux.

Les premiers hommes, qui en ont eu d'autres à gouverner, ont senti la foiblesse de ce double frein. De-là est venue la nécessité d'étrangler une partie des citoyens, pour conserver le reste, comme on ampute un membre gangrené, pour le salut du corps.

Goûtes aussi, puisque l'ingrate nature te le permet, prince cruel & lâche, savoures à longs traits la tyrannie. Erostrate voulut s'immortaliser par le feu ; immortalise-toi par le sang ; raffine dans l'invention des tourmens, comme un homme à bonnes fortunes dans celle des voluptés, & trouves-y, s'il se peut, le même plaisir. Le seul bien qui soit en ton pouvoir est de faire du mal : faire le bien seroit ton supplice. Je ne t'arrache point au maudit penchant qui t'entraîne. Eh ! le puis-je ? il est la source de ton malheureux bonheur. Les ours, les lions, les tigres, aiment à déchirer les autres animaux ;

Féroce comme eux, il eſt trop juſte que tu cedes aux mêmes inclinations. Je te plains cependant, de te repaître ainſi des calamités publiques; mais qui ne plaindroit encore plus un état où il ne ſe trouveroit pas un homme, un homme aſſez vertueux pour le délivrer, aux dépens même de ſa vie, d'un monſtre tel que toi?

Et toi-même, voluptueux (pour m'accommoder à ta foibleſſe, comme un chirurgien au vuide des vaiſſeaux), puiſque ſans plaiſirs vifs tu ne peux parvenir à la vie heureuſe, laiſſe-là ton ame & Séneque; chanſons pour toi que toutes les vertus ſtoïques, ne ſonges qu'à ton corps. Ce que tu as d'ame ne mérite pas en effet d'en être diſtingué. Les préjugés, les pédans, les fanatiques s'armeront contre toi; mais quand tous les élémens s'y joindroient.... Que faiſoient à Tibulle, dans les bras de ſa Cloris, la pluie, la grêle & les vents déchaînés? Ils ajoutoient à ſa félicité qui les bravoit. Prends donc le bon temps quand, & partout où il vient; jouis du préſent; oublies le paſſé qui n'eſt plus, & ne crains point l'avenir. Songes que le bled qui eſt ſemé hors du champ eſt toujours du bled; qu'un grain perdu n'eſt pas plus pour la nature qu'une goutte d'eau pour la mer; que tout ce qui la déleƈte eſt plaiſir, & que rien n'eſt contr'elle que la douleur. Que la pollution & la jouiſſance, lubriques, rivales, ſe ſuccédant tour-à-tour, & te faisant nuit & jour fondre de volupté, rendent ton ame, s'il se peut, aussi gluante & lascive que ton corps. Enfin puisque tu n'as point d'autres ressources, tires-en parti : Bois, manges, dors, ronfles, rêves ; & si tu penses quelquefois, que ce soit entre deux vins, & toujours, ou au plaisir du moment présent, ou au desir ménagé pour l'heure suivante. Ou si, non content d'exceller dans le grand art des voluptés, la crapule & la débauche n'ont rien de trop fort pour toi, l'ordure & l'infamie sont ton partage ; vautres-toi, comme font les porcs, & tu seras heureux à leur maniere. Je ne te dis au reste que ce que tu te conseilles à toi-même & ce que tu fais. Je perdrois mon temps & ma peine à prendre un autre ton : parler de tempérance à un débauché, c'est parler d'humanité à un tyran.

Qu'on ne dise point que j'invite au crime ; car je n'invite qu'au repos dans le crime. L'homme paroît en général un animal faux, rusé, dangereux, perfide, &c. il semble suivre plutôt la fougue du sang & de ses passions, que les idées qu'il a reçues dès l'enfance & qui font la base de la loi naturelle & des remords. Voilà à quoi se réduit en substance tout ce que je dis. Mon but est de raisonner & d'aller aux causes, en faisant abstraction des conséquences, qui cependant n'en seront ni plus fâcheuses, ni plus difficiles à réprimer.

Si tant de méchans, malgré tous les préjugés, contraires à leurs actions, dans lesquels ils ont été élevés, ne sont pas toujours malheureux, n'est-il pas évident qu'ils le seroient conséquemment encore moins, dans la double supposition, ou qu'ils en pourroient secouer le joug, ou sur-tout qu'ils ne l'eussent jamais porté. Je dis donc ce qui me semble, & ne donne qu'une hypothese philosophique. Je ne soutiens point, à dieu ne plaise ! la méchanceté, trop opposée à mon caractere ; j'y compâtis, parce que j'en trouve l'excuse dans l'organisation même, quelquefois difficile & même impossible à dompter. Les chevaux ne sont pas les seuls animaux qui prennent le mors aux dents. Que chacun s'examine ; qu'il se rappelle ses anciennes coleres, ses vengeances, ses querelles & tant d'autres mouvemens qui l'ont emporté, il se trouvera cheval comme un autre. Tout homme fougueux & violent en est un.

Mais (pour me parler à l'imitation de Séneque), tu ne poursuis point les vices & les crimes avec un style de fer ? Je ne suis point tenu de remplir une tâche qui n'est point la mienne. Je la laisse aux satyriques & aux prédicateurs. Je ne moralise, ni ne prêche, ni ne déclame, j'explique. Je suis & me fais l'honneur d'être citoyen zélé ; mais ce n'est point en cette qualité que j'écris, c'est comme philosophe. Comme tel, je vois que Cartouche étoit fait pour être Cartouche, comme Pyrrhus pour être Pyrrhus : je vois que l'un étoit fait pour voler & tuer à force cachée, & l'autre à force ouverte. Les conseils sont inutiles à qui est né avec la soif du carnage & du sang. On pourra bien les écouter, & même les applaudir, mais non les suivre. Voilà ce que me dicte la philosophie. L'amour du public me dicte autre chose. Je déplore le sort de l'humanité, d'être, pour ainsi dire, en d'aussi mauvaises mains que les siennes. Je suis fâché de croire tout ce que je dis ; mais je ne me repens point de dire ce que je crois. Au travers de ce qui me semble révolter au premier coup-d'œil, les gens qui ne sont pas sans odorat, pénétrant l'écorce, trouveront que ma philosophie ne s'éleve point sur les débris de la société. Je ne puis trop insister sur cet article. Qu'on y prenne bien garde, & qu'on distingue en même temps l'homme de l'auteur. Je n'enhardis point les méchans, je les plains par humanité, & je les tranquillise par raison. Si je les soulage d'un pesant fardeau, je ne reconnois pas moins qu'ils en sont eux-mêmes un bien plus onéreux pour la société. Elle a ses coutumes & ses loix, & ses armes, quand on les a blessées ; je ne suis point ici son vengeur, ni son appui. Thémis ne m'a point remis sa balance, elle ne m'a point chargé de péser les vices & les vertus, les peines

& les récompenses. Et comme Crébillon n'en est pas plus noir pour avoir fait la tragédie d'*Atrée & de Thyéste*, je n'en suis pas moins vertueux, pour avoir essayé de détruire les vices absolus. Pour exempter des remords, il ne s'ensuit pas que je sois capable de ce qui les donne. Pour savoir apprécier les hommes, il ne s'ensuit pas que je dédaigne de les servir & que je tende à la ruine. Je déteste au contraire tout ce qui nuit à la société. Je voudrois que ces armes de la politique (les remords), fussent aussi effrayantes & efficaces que la potence & l'échafaut. Ou plutôt que ne puis-je empêcher les hommes de se nuire les uns aux autres? Que ne puis-je les pétrir, en quelque sorte, comme une pâte excellente, les tourner à la sûreté, à l'avantage & à l'agrément de la patrie! Qu'ils seroient nobles, doux, tendres, désintéressés, généreux, compatissans, sans envie, sans autre ambition que d'être utiles, contens de tout, sans excepter la fortune & les succès de leurs propres ennemis; mais il n'y en auroit point dans la société que je suppose; elle ne formeroit qu'une famille, dans laquelle chacun couleroit dans le sein d'une tranquille & vertueuse volupté, des jours purs & sereins, semblables à ces ruisseaux, dont l'onde claire & filtrée au travers de pierres poreuses, qui la rendent encore plus belle, se répand dans la prairie, suivant un cours si naturel & une pente si douce, qu'elle paroit véritablement ne pas l'arroser sans plaisir. C'est l'image de la vie d'un bon citoyen.

J'ai cru cette espece d'apologie & de digression nécessaire, & je viens enfin à la conclusion.

Puisque tout est sacrifié dans la vie à ce contentement interieur, auquel Epicure a donné le nom de volupté, concluons qu'il est la source de cette béatitude qui fait le souverain bien. Toutes les opinions des philosophes reviennent donc à celle-là, & la nôtre même, au fond, n'en est pas différente. Epicure dit que c'est toujours l'envie de satisfaire, qui fait commettre les actions bonnes ou mauvaises: & moi je dis que c'est le sentiment du bien-être qui nous détermine. J'en infere que le bonheur est, comme la volupté, à la portée de tout le monde; des bons comme des méchans; que les plus vertueux ne sont pas plus heureux: ou que, s'ils le sont, ce n'est qu'autant qu'ils sentent avec délices leur maniere d'exister & d'agir. J'en infere que, faute de cette modification des nerfs, les bons peuvent être malheureux, tandis que ces mauvais sujets qui sont à eux-mêmes leur patrie, leurs amis, leur maîtresse, leur femme & leurs enfans; éternels contempteurs de la vertu & des *vrais biens* ainsi nommés, vivent contens seuls & inutiles au monde, *pondus inutile terræ*, dans la jouissance des *faux biens*, qui ne sont apparemment si faux que de nom. J'en conclus que chacun a sa portion de felicité, les gueux comme les riches, les ignorans comme les ſavans, les animaux comme les hommes (car le temps d'en faire des machines dépourvues de ſentiment eſt paſſé), que chaque individu parvient conſéquemment à ſon degré de bonheur, comme à la ſanté, à la gaieté, à l'eſprit, à la force, au courage & à l'humanité poſſibles; & qu'ainſi on eſt conſtruit pour être heureux ou malheureux, & preſque à un tel ou tel point, comme pour mourir, jeune ou vieux, de tel ou tel mal, entouré de médecins.

On voit encore par ce qui a été dit, le cas qu'on doit faire des riches, de la volupté des ſens, de la ſociété, de la vertu & des loix. Montagne, le premier François qui ait oſé penſer, dit que celui qui obéit aux loix, parce qu'il les croit juſtes, ne leur obéit pas *juſtement*, par ce qu'elles valent. Ce n'eſt que comme loix qu'elles ſont reſpectables, autrement on n'eût point ſuivi toutes celles dont l'hiſtoire fourmille, qui me ſemblent ſi ſouvent injuſtes & cruelles; & on ſe fût cent fois révolté contre les décrets du ſénat romain. Les loix, la vérité & la juſtice, paroiſſent mériter la même conſidération; les unes comme émanées des mains de la politique, les autres, comme filles du ſentiment. Mais puiſqu'il y a eu dans tous les temps, qu'il y a aujourd'hui, & y aura toujours des loix contraires à ce qu'on appelle vérité, ou à ce qui paroît justice, comment concilier ensemble des intérêts si opposés ? A qui donner la préférence ? La vérité, comme tout bon parti, (c'est encore l'idée de mon philosophe, & de celui de la nature) doit se soutenir *jusqu'au feu*; *mais exclusivement*. Les loix les plus injustes ont la force en main; il n'y a qu'un fou qui ose les braver. La loi de nature, faite avant toutes les autres loix, nous dicte de leur livrer plutôt la vérité que nos corps. Il est naturel de traiter la vertu, comme la vérité. Ce sont des êtres qui ne valent, qu'autant qu'ils servent à celui qui les possede. Vous éclairez les hommes, vous servez la société à vos dépens; c'est le fruit de l'éducation, le germe en est dans l'amour-propre, mais non dans la nature. Mais faute de telle ou telle vertu, de telle ou telle vèrité, les sciences & la société en souffriront? Soit; mais si je ne la prive point de ces avantages, moi j'en souffrirai. Est-ce pour autrui, ou pour moi, que la nature & la raison m'ordonnent d'être heureux? Le poëte Auterau, dans *Démocrite prétendu fou*, répond en vrai philosophe, *on est heureux pour les autres.*

Cela posé, à combien peu de frais, & de combien de façons on peut être heureux! Et qui n'admireroit la magnificence de la nature dans sa grande simplicité? Comme toutes les veines portent le sang au cœur par une seule, le plaisir & la douleur, modifiés

modifiés à l'infini, arrivent à l'ame par un seul chemin, qui est le sentiment. Pour le former, il a fallu que tous les nerfs se donnassent, pour ainsi-dire, un *rendez-vous*, dans un endroit particulier du cerveau, où ils sont tous réunis. Et comme encore le cœur se contracte plus souvent, ou plus fortement, quand le sang & les esprits y sont abondamment précipités par diverses causes ; de même le sentiment de notre bien ou mal-être s'aiguise & s'excite par celles qui agissent intérieurement ou extérieurement sur nos organes sensitifs. De sorte que celui dont les nerfs sont le plus agréablement affectés par quelque cause que ce soit, est nécessairement le plus heureux.

Tel est le tronc, duquel partent toutes les branches du bonheur, luxe charmant de l'arbre de la vie, à l'ombre duquel, si par fois nos chagrins nous éclairent trop vivement sur notre condition, il faut être bien peu sage, pour ne pouvoir pas les supporter avec patience.

Voilà le but que nous nous étions proposé d'atteindre : le champ est vaste, la carriere brillante : si nous avons su la remplir avec autant de distinction, que nous nous sommes écartés de la route ordinaire des philosophes & des beaux esprits.

Il ne me reste plus qu'à parler de mon auteur,

plus particuliérement que je n'ai pu faire jusqu'ici. (1) Son *traité de la vie heureuse*, tel que je le donne, est très-fameux. La dignité du sujet, la réputation de l'écrivain, ce que tant d'auteurs en ont écrit, & sur-tout Descartes à son illustre princesse Palatine, tout m'a intéressé à Séneque & à son ouvrage. Non-seulement j'ai cru qu'il méritoit d'être mieux examiné & autrement réfuté qu'il ne l'a encore été; mais quoiqu'en dise Descartes, je l'ai jugé digne d'être traduit, sans avoir égard aux traductions qui ont précédé la mienne. Tous les défauts, & l'imperfection avec laquelle il est probable qu'il nous est parvenu, ne m'ont pas empêché d'y trouver de grandes beautés.

Séneque, il est vrai, n'a pas traité son sujet avec assez de précision & d'exactitude. Pour être capable de former un systême dont les parties bien liées & enchaînées entr'elles se répondent toutes parfaitement, il faut un esprit d'ordre, un art d'écrire, plus commun aujourd'hui qu'autrefois, une marche d'esprit suivie, un génie vaste, pénétrant & vraiment philosophique. Celui de Séneque me paroît consister dans une imagination

(1) Ceci se rapporte à la traduction du *Traité de la vie bienheureuse de Seneque*, que l'auteur a publié, & qui étoit précédé de ce discours.

riche qui le maîtrisoit. Esprit précieux, le néologisme ne remonte pas plus haut que lui; raisonneur étudié, le plus souvent peintre de colifichets, je compare les lumieres dont il brille, tant elles sentent l'artifice, à ces étoiles que les fusées laissent dans l'air après elles. Génie obscur lorsqu'il veut être concis, entrecoupé de plus de ténebres que de lueurs philosophiques, peu consistant ou peu solide, de-là peu conséquent, éloquent à sa maniere, en paroissant mépriser l'éloquence, vigoureux par vertu, vertueux par secte, fort de choses par secousses, fort d'esprit par affectation, pointilleux par minauderie : enfin s'appliquant plus à orner son langage qu'à se faire entendre ou à s'entendre lui-même, je conviens qu'il a mieux aimé se répéter en termes artistement variés, content de briller par des phrases & des antitheses qui marquent le jeu & l'enfance de l'esprit, piege inévitable pour qui cherchant toujours l'agrément de la diction & la vanité des paroles, préfere le fard de l'éloquence à ces beautés naturelles qui sont bien mieux sans ornement : panneau couvert de clinquant, où donneront toujours ces beaux esprits peu philosophes, que la variété des images éblouit jusqu'à leur faire prendre pour de nouvelles choses un brillant tissu d'autres mots joliment arrangés. Mais, au reste, je trouve que Séneque a plus de force que Cicéron. Si celui-ci étoit plus philosophe dans la théorie, Séneque l'étoit plus dans la pratique ; moins incertain, quoique moins conséquent ; marchant à la mort d'un pas ferme & intrépide, il a fait une fin, non aussi gaie que celle de Pétrone, mais glorieuse, & telle, en un mot, que Cicéron l'eût enviée, & jamais suivie. Quant au courage & à la vertu, quoique trop fanatique, il avoit une ame d'une toute autre trempe. L'éloquence, le savoir & la vanité faisoient toute l'excellence du consul Romain. Montagne estime peu l'homme dans l'orateur qu'il admire.

Critiquons, blâmons même Séneque, admirons-le quelquefois, & estimons-le toujours. Une ame médiocre n'outre rien ; elle ne s'éleve point, elle nage, pour ainsi dire, entre deux eaux. Louons les plus vains efforts ; pardonnons, comme sur nos théâtres, une exagération qui invite à la vertu. Séneque a cherché à être vertueux, comme Pascal à croire. Du fond des vices, il est difficile de monter au sommet des vertus. L'un a le courage de l'aigle, l'autre en a le vol, peu en ont la vue ; l'homme est porté par son génie, comme l'oiseau par ses aîles. Mais n'est-ce pas assez, comme notre auteur l'insinue lui-même, qu'il s'évertue, s'excite, & rampe moins ? Heureux cent fois qui aux facultés naturelles d'être heureux, joint celle de rendre son bonheur communicatif, comme est la vertu & le courage de Séneque.

Voilà mes idées sur le bonheur, & ce que je pense de l'auteur illustre qui m'a fait naître l'envie de les mettre par écrit. Bien des gens seront peut-être choqués de ma façon de penser, principalement sur la vertu & les remords, d'autant plus qu'elle est quelquefois aussi nouvelle que hardie : car je n'ai consulté ni Hobbes, ni Mylord S..., & j'ai tout puisé dans la nature. Mais qu'ils sachent, ces esclaves de l'exemple & de la superstition, ces petits génies qu'on ne voit point où la vérité paroît, qu'on peut ici (quelle plus belle invitation à ses amateurs !) braver les préjugés & tous les ennemis de la philosophie, comme on se rit du courroux des flots dans un port tranquille ! Je n'entends plus en effet gronder les miens qne de loin, & comme la tempête qui bat le vaisseau dont je me suis échappé. Ici, encore une fois, quel plaisir pour un philosophe ! chacun peut à son gré cultiver la philosophie, les sciences & les beaux arts ; la carriere est ouverte par le prince qui s'y est distingué presque dès l'enfance ? *Dux & exemplum & necessitas*, comme dit Pline le jeune en un autre sujet. Tous ces sacrés perturbateurs d'un repos plus respectable qu'eux, ne se troublent point dans ces heureux climats. On peut élever la voix, se servir de sa raison, & jouir enfin du plus bel apanage de l'humanité, la faculté de penser. Les théologiens juges des philosophes ! Quelle pitié ! C'est vouloir ramener la superstition & la barbarie. Au contraire, brider ces bêtes arrogantes, leur laisser peu de pouvoir (ils en usurpent assez), c'est le moyen de favoriser le progrès des lettres, & de faire fleurir les états. L'ignorance commence par les avilir, & finit par les détruire.

O! que ma reconnoissance & mon zele s'exerceroient avec plaisir à célébrer les vertus du *Salomon du Nord*, s'il m'étoit aussi facile de le suivre que de l'admirer! Mais ce seroit trop présumer de mon peu de forces, car que peut-on ajouter à la gloire d'un prince, qui, tandis que presque tous les autres rois font consister leur bonheur à s'endormir mollement dans les bras de la volupté, n'en connoît d'autre, que celui qui résulte de l'humanité la plus éclairée, & du parfait héroïsme; d'un prince qui met dans ses études la même discipline que dans ses troupes, dont l'esprit est plus vif que leur feu, plus brillant, plus conquérant, plus victorieux que leurs armes; d'un prince enfin rempli de sagesse & de lumieres, qui jeune encore, n'a eu besoin que de lui-même pour aller de plein vol à l'immortalité. Qu'il me suffise donc de sentir, (quoi de plus flatteur pour le maître & pour les savans de son royaume!) que c'est à son puissant génie que nous devons tous, ce que tant d'autres doivent ailleurs à la faveur, à l'intrigue, à la bassesse, & à tout ce vil manege de dévots, de femmes & de courtisans qui n'a point lieu devant un roi philosophe.

Tous les arts à la fois composent sa science.
Rival de Cicéron, il brille en éloquence :
De la nature il a sondé les profondeurs,
Des charlatans dévots confondu les erreurs.
Voyez ce savant roi sans soin & sans affaire;
Il passe un ignorant dans l'art heureux de plaire.
Il sait tout, il fait tout, il s'élance à grands pas,
Du Parnasse à l'Olympe, & des jeux aux combats.

ÉPITRE

A

MLLE. A. C. P.

OU LA

MACHINE TERRASSÉE.

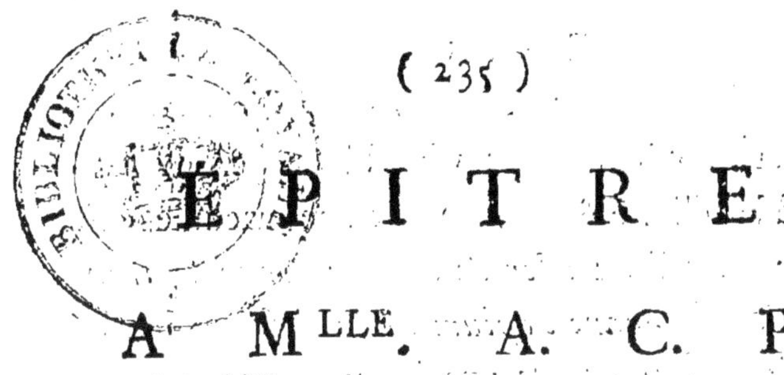

ÉPITRE A MLLE. A. C. P.

MADEMOISELLE,

RIEN n'est plus flatteur pour moi, que la bonté que vous me faites, en me demandant un récit fidele de la machine, qui a paru dans nos jours. J'exécute vos ordres d'autant plus vîtement, que je compte sûrement sur votre approbation ; motif pour moi, qui charme & qui l'emporte sur tous les attraits possibles.

J'entre donc en matiere, ma chere, & je vous dis, que la machine que vous admirez, cette machine sans ame, cette matiere organisée, a enfin terrassé & mis à la Bastille *Pluton*.

Toujours mobile, elle roula jusqu'à se casser enfin le cou. Elle chercha à l'emporter sur les machines vulgaires par son caquet, par ses manœuvres, par sa médisance, & par l'effort de composer des livres. Elle alla même jusqu'à faire des réflexions sérieuses sur la félicité: » *Mais l'ignorance commença par l'avilir & finit par la détruire* ».

Mr. Machine, car c'eſt ſon *nomen & omen*, s'entêta, que l'opium ſoit le véritable moyen de parvenir à la félicité & au paradis d'une machine. « *Je* » *veux*, dit-il, *parler de ces états doux & tran-* » *quilles que donne l'opium, dans leſquels on vou-* » *droit demeurer toute une éternité, vrai paradis* » *de l'ame, s'ils étoient permanens* ». *Mr. Machine*, trop jaloux de ſa tranquillité heureuſe, pour n'en vouloir pas jouir ſans ceſſe, prit enfin le parti de ſe plonger, par le moyen de la poudre de rats, dans ſes douces ténebres. Il en prit une bonne doſe & réuſſit dans ſon deſſein.

Vous blâmerez, je le prévois, la folie de *Machine*; mais je vous en prie, ma chere, ne vous irritez pas contre lui. Rappellez-vous, s'il vous plaît, que c'eſt *Mr. Machine*. Une machine n'agit pas à ce qu'elle veut, mais plutôt à ce qu'elle doit. Chantant ſes louanges, je ne permettrai jamais qu'on le décriât. Je le mets à couvert de tout reproche de ſa folie, je lui conſerve la réputation, malgré toutes objections calomnieuſes, en diſant: il fut machine, & pas plus.

Pardonnez-le-moi, ma chere, d'avoir entamé mon hiſtoire par la mort de mon héros. Il eſt un peu bizarre; & il faut que la relation de ſa vie ne le ſoit pas moins. Je reviens ſur mes pas, & je vous promets d'obſerver dans la ſuite un meilleur ordre.

Pour la naiſſance de *Mr. Machine*, je ſerai le plus court du monde. Je me conſole facilement de ne ſavoir pas, dans quelle retorte cette matiere lourde & groſſiere ſe ſoit organiſée. Dès qu'elle l'étoit, elle devint machine. *Cœleno*, qui annonce toujours ſa préſence par quelques obſcénités, la monta, & c'étoit *Mr. Machine* qui parut peut-être à la maniere des cannes de *Mr. Vaucanſon* à *Paris*. Car *Mr. Machine* eſt comme elles ſans ame, ſans eſprit, ſans raiſon ſans vertu, ſans diſcernement, ſans goût, ſans politeſſe & ſans mœurs; tout eſt corps, tout eſt matiere en lui. Pure machine, homme plante, homme machine, homme plus que machine; ce ſont les titres qu'il affecte, qu'il ambitionne, & dont il fait gloire.

Il célébra ſolemnellement ſon jour de naiſſance pendant le cours de quatre années une fois: car il fut mis au jour au je ne ſais quel biſſexte.

Je vous avertirois auſſi de ſon éducation; mais je ne ſais que dire de celle d'une machine. Chacun a ſon tour; la machine pourſuit le ſien. On la monte, & elle joue ſon rôle juſqu'à tomber dans le trou. Elle ſe conforme à ſes regles; & c'eſt ce que fit auſſi *Mr. Machine*. Il pouſſa ſes efforts, ſes études, ou plutôt ſes manœuvres à *Paris*, à *Leyde*, & à *Rheims*, juſqu'à en venir à bout. Il fut créé docteur en M..... n'eſt-ce pas aſſez d'honneur pour une machine?

Ce n'eſt pas encore tout ; il ſut maintenir avec adreſſe la figure, ſous laquelle il parut. Il ravagea machinalement dans la république des lettres, ſe ſignalant entr'autres par quelques *inſtitutions de M......* qu'il mit au jour. Cette traduction, car elle n'eſt preſque plus par-tout, lui fit beaucoup d'honneur. Il ne ſe contenta pas de traduire ; il tâcha même à métamorphoſer à ſon gré. *Breſlau*, ah ! quelle admirable machine ! ſelon lui eſt un auteur. *Breſlau*, dit-il, *l'a vu ſortir par la cornée*, en voulant citer les recueils de *Breſlau*. Dans un autre endroit il parle plus que machinalement : » *je parle*, dit-il, *d'une injection où l'on ne met* » *pas plus de force que le cœur, ce qui eſt prouvé* » *par l'imperfection de la perfection* ». Galimathias ſans bon ſens ! De la meme maniere parle-t-il *des œufs diſſous* : pour moi, j'aimerois à dire des œufs ſéparés. La chatte de *Bythinie*, ſelon lui, eſt une civette. Et pourquoi cela ? parce qu'il eſt bon connoiſſeur de la nature. Et qu'eſt-ce que ſignifient ces mots ? » *L'une & l'autre cave & fort* » *cave eſt plus large que la trace du trou ovale* ». Il eſt vrai, c'eſt ſur ce point-là que je le gronderois ; mais je ſais dont il s'agit, c'eſt *Mr. Machine*.

Ne vous laſſez pas, ma chere, de lire encore quelques manœuvres de *Mr. Machine*. Ils ſont trop jolis pour vous les cacher. *Aldrovandus*, dit-il, dans un autre ouvrage, *a hérité ſon ornitologie de*

Mr. Willoughby. Et pourquoi cela, mon héros? Cela est facile à comprendre, me répond-il. Car *Aldrovandus* mourut long-temps avant que *Willoughby* fut né : il est donc bien possible, qu'*Aldrovandus* a pu hériter de *M. Willoughby.* Bon, *Machine*, c'est la plus belle plaisanterie du monde. Mais, dites-le-moi, je vous en prie, en confidence, pourquoi mesurez-vous la vessie & sa force par pouces & pas plutôt par onces? *Trois pouces*, à ce que vous dites, c'est ma foi trop pour une vessie. Pour moi, je n'aimerois pas une vessie de *Machine.* Et qu'est-ce que vous voulez exprimer, mon cher, par l'écrivain *Giorno?* Quel drôle que vous êtes, *Machine?* Quelle merveille! quel esprit créateur! C'est sans-doute quelque chose de conséquence, que de personnifier un journal, qui s'appelle *Giornali de litterati.* Mais je n'ose plus vous embarrasser par mes louanges. Remettez-vous donc en repos. Vous étes *machine*; & une machine est au-delà de la connoissance de l'anatomie, de l'histoire, des langues & même de dieu.

Je vous demande mille pardons, ma chere amie, de m'être égaré de vous quelques momens. Ma machine m'entraîne même jusqu'à sa demeure ténébreuse. Je m'en retourne, vous assurant en confidence, que nous avons à regretter plus qu'on ne pense, la perte de *Mr. Machine.* On avoit lieu d'espérer qu'un jour par son moyen tous les singes & aussi le vôtre, ma chere, commenceroient à parler. Mais voilà l'espérance échouée; le maître descend aux enfers, & les disciples gémissent après lui sans ressource.

D'ailleurs *Mr. Machine* se crut toujours plus redoutable qu'il ne l'étoit en effet. Il oublia quelquefois qu'il étoit machine. Il appelle son systême » *superbe, qui fait frémir les préjugés. Que dis-je,* » ajoute-t-il, *le jour qu'il parut, la sacrosainte* » *théologie en trembla jusques dans ses fondemens,* » *& les chapeaux larges & plats pardevant de* » *tous ces scaramouches ou pantalons, que le* » *peuple respecte, furent mis plus de travers que* » *jamais* ».

Ce sont, direz-vous, en vérité des idées crues, crasses & matérielles; & c'est ce que je veux. Mon héros s'imagine d'être « *l'Hercule de la fable. Pour* » *peu*, dit-il, *qu'on soit versé dans la littérature* » *& dans la seule connoissance des auteurs; on* » *voit que je suis, comme Mr. de Voltaire le dit* » *de Newton, l'Hercule de la fable, à qui l'on* » *attribue tous les faits des autres héros* ». *Mr. Machine est donc l'Hercule* de la fable. Vous le savez, ma chere; & voilà, vous êtes versée dans la littérature. Quel avantage pour vous, de savoir que *Machine* est *l'Hercule* moderne!

Parlant en quelque endroit des théologiens, vos gens

gens favoris, il se met tout en colère. *Brider*, dit-il, *ces bêtes arrogantes, leur laisser peu de pouvoir, ils en usurpent assez; c'est le moyen de favoriser le progrès des lettres & de faire fleurir les états.* Quelle foudre! Mais il a raison. C'est à la Herculienne. Un léger traducteur de *quelques institutions* de M., dont il ne fait qu'altérer & corrompre le sens, & qu'il met au jour, même sans corriger les fautes d'impression, lesquelles il va plutôt augmenter par son ignorance & volatilité; un auteur, dis-je, qui a copié l'homme plante de quelque dissertation de *Mr. Linnæus*, dont le titre est : *sponsalia plantarum*, dans laquelle les fleurs sont comparées avec l'homme; un héros enfin, qui prend généralement toutes les sciences sérieuses pour des bagatelles & pédanteries, c'est à la vérité *l'Hercule* & l'arc-boutant de la république des lettres; c'est, dis-je, le héros, qui pourroit toucher la pierre fondamentale de la barbarie, & renverser les faux principes sur lesquels elle roule.

A propos de *l'homme plante*, ma chere, je sais que vous aimez les grottes, les jardins, les fontaines, les plantes, les livres qui sont écrits là-dessus. C'est pourquoi je vous aurois sans doute communiqué l'homme plante. Mais, ma chere, j'eus à ménager le caractere, la modestie, la pudicité & la vertu, qui regne dans vos veines. Ce n'est qu'un effet digne de son auteur & d'une tete qui est par-tout corps, par-tout matiere, par-tout machine montée par la harpie *Cœleno*. C'est assez, je l'ai dit ci-dessus, & je le répete pour excuser l'auteur, qui, étant sans ame, poursuit les tours, les mouvemens & les impressions de sa premiere motrice.

Je dis, sans ame; mais je me reprends moi-même. Quelquefois *Mr. Machine* en avoit une, ou du moins il crut l'avoir: « *L'ame*, dit-il, *vient* » *en je ne sais quel temps, & je ne sais comment,* » *se nicher incognito dans mes veines* ».

Il parle raison. Peut-être que ce sont là ces trois momens heureux, qu'il a été en état de parler sans blesser la vérité. C'est sans contestation, lorsqu'il avoue ingénument, « *d'avoir copié la plupart* » *de ses observations de la M... pratique: qu'il se* » *vante d'avoir dépensé cent mille livres par* » *débauches & voluptés, avant que de devenir* » *docteur*; & qu'il se fait gloire *de s'être fait créer* » *docteur par le moyen de l'argent, qui lui restoit* » *après ses débauches* ». Pour moi, je ne lui reproche pas ces démarches; il n'en est point du tout coupable. Il agit en machine, il copie, il figure, il cajole, il cabriole aux dépens de son matérialisme. L'unique faux pas, qui me déplaît, c'est qu'il inquiette les cendres de ce premier pédant de quelque université, qui lui a donné le titre de docteur: car c'est blesser en même temps la confidence & la réputation de ſon bienfaiteur. Cependant *Machine* eſt mort. Il n'eſt reſponſable de rien. Peu de temps avant ſa mort, il s'aviſa de dire naïvement dans quelque épître à ſon eſprit, ou plutôt à ſa matiere, qu'il étoit fou. Je ne le crus pas d'abord; mais en peu de temps je l'apperçus évidemment ſans concluſions forcées. *Mr. Machine* prit la fatale poudre de rats, pour faire durer ſa félicité toute une éternité.

Mais il ſe trompa lui-même. L'éternité ſe finit malgré lui. Il ne fit, pour ainſi dire, que changer de ſcene & ſe retirer derriere les rideaux. Ils furent tirés, & voilà *Mr. Machine* monté malgré lui la ſeconde fois, pour jouer un autre rôle.

Cependant *Machine* fut mort en effet quelque temps. Il coucha tout étendu le long de la riviere d'*Acheron*. Son ame, ou plutôt ſa matiere, reſſembla alors à une corde de violon, qu'on a relâchée. Il étoit enveloppé dans des ténebres plus noires que le chaos, la nuit éternelle & les Cocytes.

Mais à peine avoit-il commencé à jouir de ſon bonheur prétendu, que *Caron*, ce fameux voiturier, par ordre de *Pluton*, ſe tenoit déjà ſur ſes gardes au-delà des ondes ténébreuſes. *Pluton* étoit averti des deſſeins de *Mr. Machine*; il envoya donc *Caron* les traverſer le plutôt, pour ne ſe faire pas dérober un ſujet qui lui étoit dû. *Caron* ne s'apperçut pas ſitôt de ſa recrue, qu'il cria trois fois: Qui eſt là? Ce qu'il fit d'un ton ſi terrible, que *Mr. Machine* ſe réveilla malgré lui. Cette fois ſa machine ſe monta elle-même; il avoit ſoutenu pendant ſa vie que cela étoit poſſible, & il en prouva la vérité par ſon exemple.

La premiere action de *Machine* dans cette nouvelle carriere, fut qu'il trembloit extrêmement, & ſe mettoit à répondre. Je ſuis machine, dit-il, je ſuis « *tout corps, toute matiere, un hors-d'œuvre » inutile, hors-d'œuvre de parade & d'orgueil, » que la nature n'a point apprêté. Peut-être ſuis-je » jetté au haſard ſur un point de la ſurface de la » terre, ſans qu'on puiſſe ſavoir ni comment ni » pourquoi, ſemblable à ces champignons, qui » paroiſſent d'un jour à l'autre, ou à ces fleurs » qui bordent les foſſés & couvrent les murailles.* » Pourquoi m'envies-tu, continua-t-il, ces éternités ſacrées, ces doux ſommeils, ces véritables ſources de perfections? Bouche couſue, repartit *Caron*, c'eſt le ſilence qui regne dans nos quartiers. *Pluton* m'a donné ordre de t'amener à l'auberge qui te convient.

Il dit. Et tout d'un coup, après lui avoir fait paſſer les ondes *d'Acheron*, il l'amena aux vaſtes & ſuperbes édifices de *Pluton*. Enfin ils parvinrent par un labyrinthe tortueux & obſcur à la forge des

Cyclopes. Machine promenant ſes yeux & voyant ces gens affreux, cet abyme du feu & des flammes, ces ſoufflets effroyables & les carreaux de foudre qu'ils forgeoient, commença à frémir. Il n'oſa ni reculer ni proteſter. Cependant à chaque coup de marteau il ſembla vouloir s'évanouir, tant il étoit hors de lui.

Caron enfin l'introduiſit dans la chambre, qui étoit vis-à-vis la forge des *Cyclopes*, & s'en retourna. Ce fut l'appartement des charlatans, des Scaramouches & des Pantalons. *Pluton* les avoit ſéparés de ſes autres ſujets, pour conſerver entre ceux-ci la paix, la conſervation & la tranquillité éternelle. Les charlatans, de leur côté, ne furent pas mécontens de cette diſpoſition de *Pluton*. Ils vécurent depuis dans le voiſinage des *Cyclopes* à leur aiſe, dans une libre république, ſans loix, ſans ordre, ſans gêne, ſans contrainte & même ſans ſouverain.

Ils pouſſerent juſtement des cris horribles comme *M. Machine* entra dans la porte. Ils ſe préparerent pour faire ce même jour un repas à pique-nique. *M. Machine* fut d'abord bien ſatisfait de ſe voir dans une compagnie ſi amuſante, qui favoriſoit le matérialiſme.

Mais à peine avoit-il fait ſes premiers complimens, qu'on demanda ſon nom. Je ſuis *Machine*, dit-il. Quoi! répondit un certain pédant de quelque université, *Machine* ? Oui, répondit notre héros, je suis *Machine*. Bougre, répliqua ce pédant, est-ce là me traiter d'honnête homme que de toucher à ma réputation d'une maniere si basse & si vilaine, & de me blâmer de vous avoir vendu le titre de docteur ? Il est vrai, je vous l'ai donné; mais vous savez que vous m'en devez encore l'argent à cette heure.

Il parla encore d'un ton si menaçant, qu'il le prit à l'imprévu par la gorge, & la serra si furieusement que *M. Machine* ne put respirer. L'ame de *Machine*, ou plutôt sa matiere, se trouvant pressée péniblement, tâcha d'abord de se retirer par la trachée-artere; mais étant trop grossiere pour pouvoir pénétrer par ce canal étroit, elle se tourna çà & là jusqu'à prendre le parti de glisser par derr. . . . . Et voilà la machine terrassée & privée de la vie à jamais. On n'en vit plus que les os & la peau. Ce fait héroïque donna au festin de cette journée un nouveau lustre; & tous les charlatans applaudirent à la bravoure de leur compagnon.

Enfin ils accorderent généralement de métamorphoser la dépouille de *Machine* pour en faire un bon usage. Après bien des disputes on la fit prendre la forme d'une cornemuse, qui auprès de ces gens-là tenoit lieu de trompette. On voulut avoir une bonne musique; & en effet, *M. Machine* métamorphosé en fournit une qui charmoit tous les charlatans. On siffla, on cria, on chanta, on dansa ; mais rien n'égala la cornemuse, elle sonne d'une maniere surprenante.

Mais touchons la grosse corde ; il faut congédier *M. Machine.* Vive la contenance, mon cher ! C'est pour vous une nouvelle époque. Vous êtes à présent la cornemuse. Vous faites le sac, mon cher ; mais courage ! on ne vous connoît gueres dans nos quartiers. Vous êtes un sac d'ignorance ; c'est assez.

Faites donc votre devoir, & achevez dans une autre figure les persiflages, que vous aviez promis dans celle de *Machine* ; peut-être réussissent-ils mieux dans votre situation d'à-présent. Adieu, Voiture, portez vous bien, *Machine*, donnez dans la bonne plaisanterie, cornemuse, sonnez la bonne année, sifflez, pipez, cajolez le mieux que vous pourrez, & voyez vos Scaramouches, vos Pantalons & vos charlatans.

C'est la carriere de feu M. *Machine.* Vous me pardonnerez, ma chere, d'en avoir fait une relation si détaillée. Vous l'avez voulu, je me suis tiré d'affaire. Et si vous vous êtes ennuyée de lire une si longue lettre, ressouvenez-vous, s'il vous plaît, ma chere amie, que j'ai eu la peine de l'écrire. Je suis avec respect, &c.

FIN du Tome second.

TABLE

DES MATIERES

Contenues dans le Tome II.

FIN de la Table du Tome second.

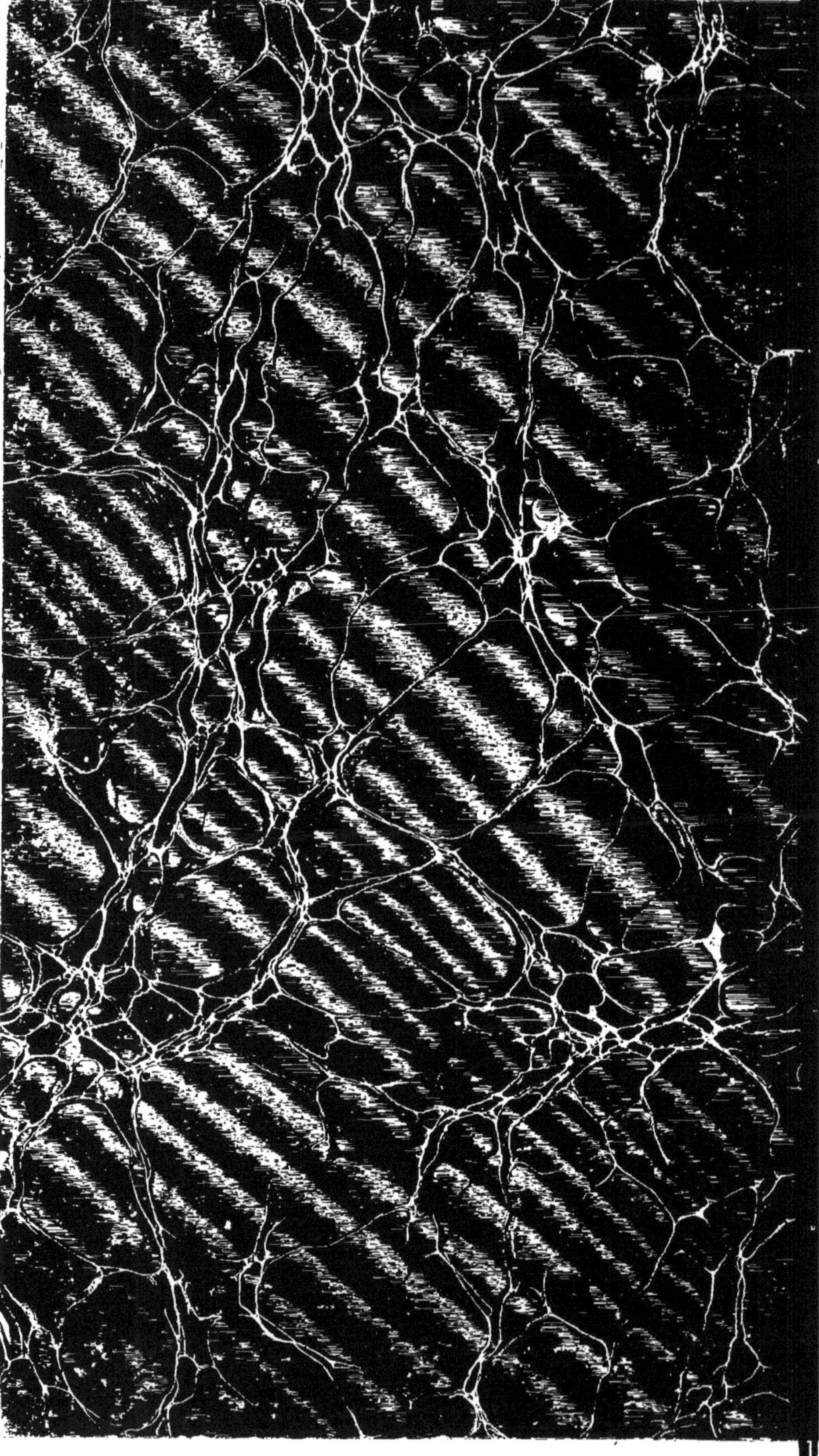

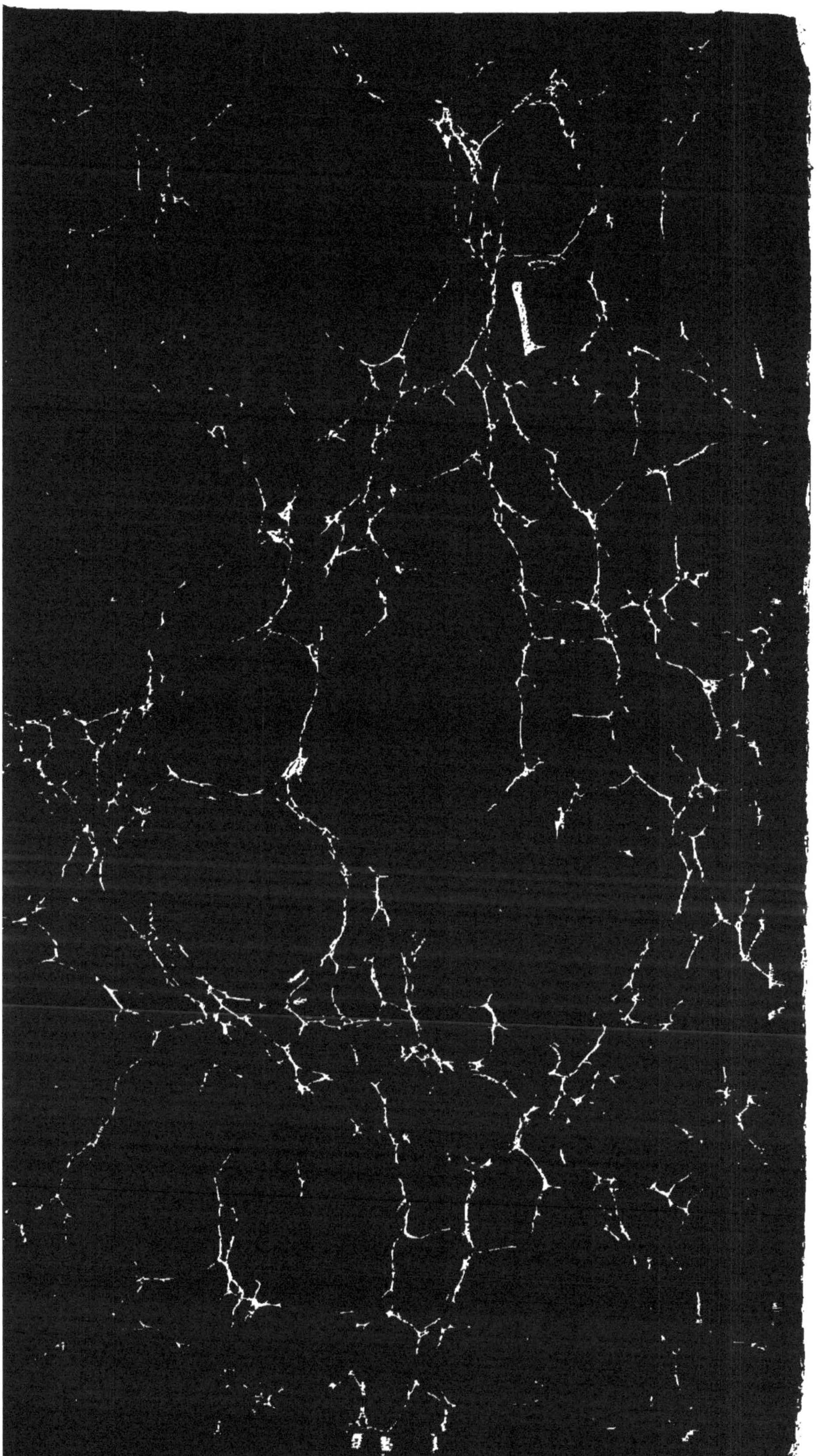

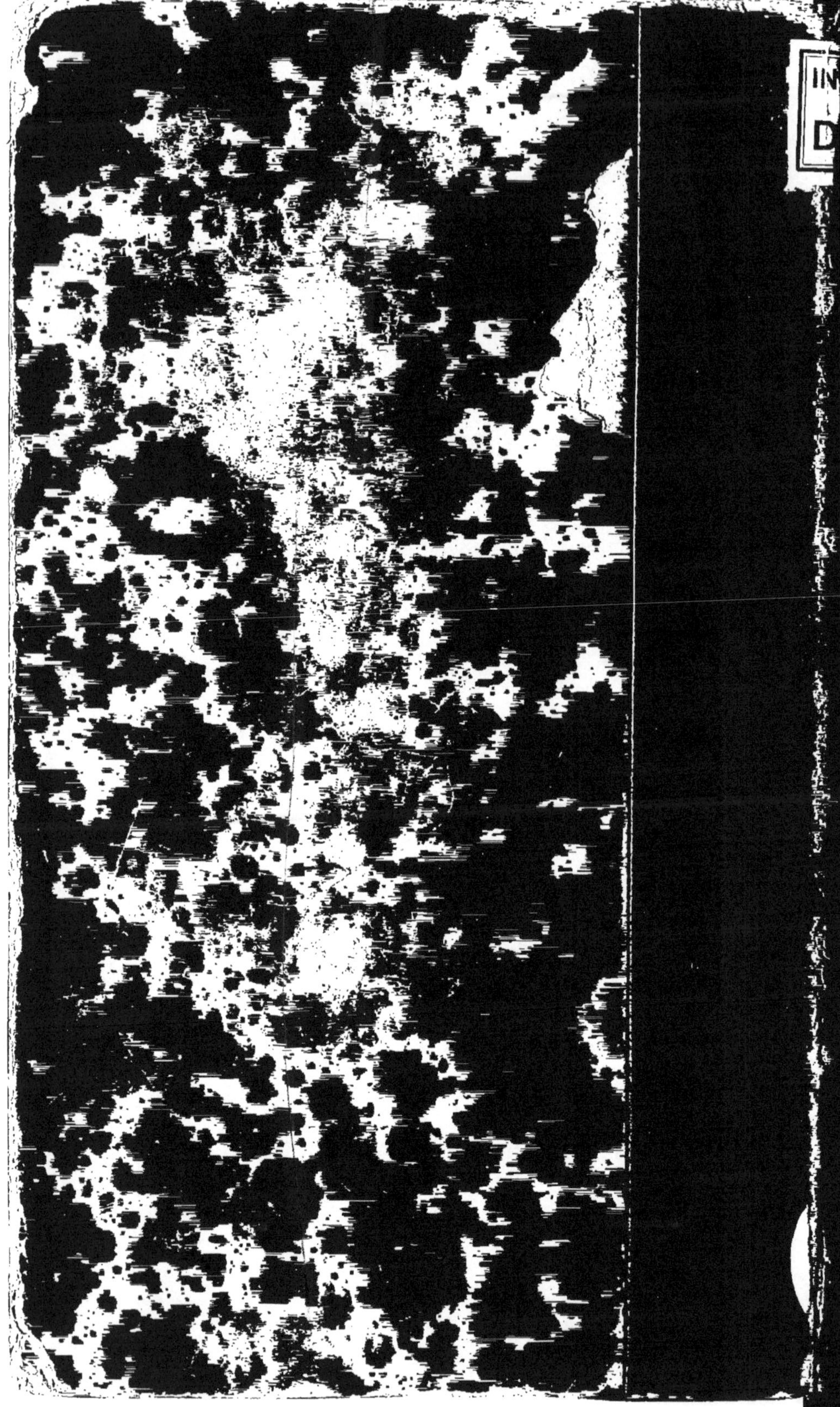

www.ingramcontent.com/pod-product-compliance
Ingram Content Group UK Ltd.
Pitfield, Milton Keynes, MK11 3LW, UK
UKHW020554230726
13926UKWH00005B/2015